JN438570

대한사이버문학 제23호

꽃씨를 털다

http://cafe.daum.net/hankuk2003

오늘의문학사

❖ 권두언

명예롭게 빛나고 아름답게 완성되세요

서 혜 원
(대한사이버문학 설립자)

창작의 세계를 직접 경험하지 않은 분들이나 생활인으로서 창작예술인들을 탐탁하게 여기지 않는 사람들까지도 창작예술인의 재능은 내심 높이 평가합니다. 그래서 요즘 많은 시인과 작가들이 양산되고 있는 것인지도 모릅니다. 하지만 혹독한 습작과정을 거쳐 등단의 문을 통과하신 문단의 원로들께서는 이와 같은 현상을 신뢰하지 않을 뿐더러 그 책임이 인터넷 문학이 일조를 하고 있는 거라고 생각하시는 것 같습니다.

인터넷이 없던 시절에는 작품을 들고 선배들을 직접 찾아다니며 지도를 받곤 하였지만 지금은 전자메일이나 특정한 문학 사이트를 통해 손쉽게 작가와 접할 수 있고 지도도 받을 수 있습니다. 때문에 옛날에 그토록 좁았던 등단의 문이 넓어진 건 사실입니다. 물론 문단의 원로들께서는 당연히 넓어진 등단의 문이 문제라고 생각하실 겁니다. 출판의 자유로 생겨나는 문예지에 신인들의 급조된 작품들이 당선작으로 게재되는 경우가 다수 있기 때문입니다.

세상은 하루가 다르게 변화하고 기존의 습관과 틀은 허무하게 무너져 가고 있습니다. 좁은 등용문을 통과하지 못한 작가 지망생들은 문예지에서 내미는 유혹(?)의 손길을 뿌리치지 못합니다. 그리고 한편 문예지의 신인 발굴 시스템이 없다면 창작품을 발표할 기회를 얻지 못한 채 아까운 재능이 묻혀버릴 수도 있을 것입니다.

혹 원로들께서 저의 동인지 작품의 문학성에 불만이나 불신을 제기한다고 하여도 저희 대한사이버문학 동인님들은 크게 관심을 기울이지 않을 것입니다. 동인님들은 그저 자신의 목소리로 자신의 이야기를 써나갈 것입니다. 그리고 전 대한사이버문학 동인님들의 강렬한 창작의지를 믿고 있습니다.

이따금 한 줄의 글도 쓸 수 없다는 동인님의 메시지를 받으면 절필이라는 절박한 상황이 머릿속에 그려지곤 합니다. 생활을 떠나서는 '나'도 '창작'도 없습니다. 열심히 일하지 않으면 오늘을 살아내기 힘든 현실입니다. 함께 하지 못할까 봐 초조하게 원고마감일을 늦춰 기다리면 어김없이 글은 도착합니다.

2004년 2월, 경기도에 있는 물왕리 저수지 카페 "시월애"에서 첫 모임이 있었습니다. 당시에 많은 님들께선 이와 같은 모임에 회의를 느끼셨을 것입니다. 저마다 간직하고 있는 창작의 열망을 과연 이 모임에서 이룰 수 있을 것인가. 그때만 해도 우리들의 미래는 불안하고 불확실했습니다. 그러나 그해 6월 우리는 글을 쓰고 싶은 강렬한 열망과 소망과 희망을, 창간호 출판을 통해 표현하였습니다.

그리고 지금까지, 동인님들께서는 우리들의 첫 만남에서 한 약속을 12년 여 동안 한결같이 실천하고 계십니다. 창작의 습작 공간으로, 완성된 작품의 발표 공간으로 대한사이버문학 동인지 출판에 참여하고 계십니다. 글 쓰는 일을 취미로 하는 거라면 고통 받지 않고 즐길 수 있는 것들이 많은 시대인데도 불구하고, 동인님들께서는 오직 한 길, 이 길을 가고 싶어합니다.

글을 쓴다는 것은, 창작은 지고지순한 짝사랑입니다. 앞으로 동인님들께 바라는 것은 작가로서 프로페셔널(professional)한 님들이나 아직 스스로 부족하다고 생각하는 동인님들이나 모두 대한사이버문학을 통해 명예롭게 빛나고 아름답게 완성되시기를 기원합니다.

23호에도 표지화를 주신 백규현 화백님, 출판을 도와주신 문학사랑 편집팀, 작품을 주시고 출판비를 지원해 주신 대한사이버문학 동인님들, 큰 절로 감사의 인사 올립니다.

2015. 6.

http://cafe.daum.net/hankuk2003

시/시조

류인복 결과는 당신 몫 외 1편
박덕균 난蘭의 난亂 외 9편
박은경 꽃씨를 털다 외 4편
서병달 봄비 내리는 날 외 9편
서부련 배냇병신
이동숙 미로 외 6편
이상야 가을 밑동 외 8편
임동미 아집
최춘자 아! 꽃봄 외 9편
황의진 꿈 외 9편

❖ 류인복

결과는 당신 몫

산다는 것이
고달프다 말하지 말라
살지 않으면
무엇을 할 것이냐

죽겠다. 죽겠다.
말하지 말라
말이 씨 될까
두렵다.

하리라 마음먹고
행하면 이루리라
왕후장상王侯將相
씨앗이 따로 있나
노력하면 왕 되고 재상 되리니

1952년 남해 출생
노동부산하 노동문제연구원 수료
현) 회사원
대한사이버문학 동인
dng54@hanmail.net

하늘 보고 누웠으니
먼지 밖에 더 들까
일어나라
그리고 뛰어라

저기가 거기다
오늘만 살 것처럼
혼신의 힘으로 뛰어라
결과는 당신 몫이다

긴 입맞춤의 실수失手

당신은 오신다는 전갈도 없이
어느 날 살며시 내 마음에
둥지를 틀었습니다.
혼자만의 비밀로 미소 짓게 하는 당신
나의 향기로운 예쁜 가슴에
아무도 몰래 깊게 묻어두렵니다.

오늘처럼 쓸쓸하고 외로운 날에도
예쁜 미소와 넉넉한 웃음이 넘치는 날에도
왠지 모르게 궁금하고 보고파집니다.
이게 그리움인가 봅니다.
당신의 이름 석 자를 썼다가 지우고
또 씁니다.

그냥 하얀 백지를 메워갑니다.
이유 없이 눈물이 날 것 같습니다.
낙서만 합니다.
너무 쓸쓸해
그냥 슬퍼
가슴이 텅 빈 것같이 외로워

이유는 없어
내게 안 좋은 일 생겼냐고?
아니야.

아무것도 아니야
이러고 싶을 뿐이야
왜 그냥 그런 날 있잖아

왜 그러냐고?
당신은 몰라
궁금해 하지마
나도 내 마음을 모르겠거든
아무튼, 지금 내 마음이 그래
늘 여유로움 낙천적인 마음인데

고운마음 예쁜 생각만 하고 사는데
내 생각만 막 펼치니
이해 못 할지도 몰라
어느 누구한테라도 체면 벗고 휘갈겨 쓰고 싶을 뿐이야
나의 이런 마음을
당신은 알까
알려 하지마

그냥 보기만 해
오늘은 운 좋게
당신의 이름이 제일 먼저 생각났어.
당신 소식 궁금했거든

이유 없이 궁금만 했어
대답 필요치 않아

당신이 생각납니다.
당신이 좋아지려 합니다.
보고 싶어요.
할 수 있는 말 했습니다
해서는 안 될 말도 하였습니다.
할 수 있는 일 하였습니다.
해서는 안 될 일도 하였습니다.

이도 저도 아닌가요.
마음을 잃어버렸는가요.
마음을 빼앗겼는가요.
자신감을 잃어버렸나요.
해는 왜 이리 더디 지며
동산의 달은 왜 이리 더디 뜰까요.

밤하늘 총총한 별빛은
당신 눈동자인가요.
갈 길이 먼데
총총 걸음 내딛는 내 발걸음
당신 눈길이 별빛 되어 붙잡네요.
쉬엄쉬엄 쉬어가자고

알알이 익은 곡식 거두라고
갈바람은 추수를 재촉하는데
길 뜨는 나그네 마음을

저 하늘 별빛이 흔들어 놓고
실수했다고
실수했노라고 웃고 있네요.

북풍한설 몰아치는
바람막이도 없는 대로변에서
향긋하고
정열적인
긴 입맞춤
그것만은 진실입니다.
진실입니다.

*《대한사이버문학》 2호에서

❖ 박덕균

난蘭의 난亂

1

군郡이 시市가 되면서
난蘭은 사무실을 점령했다
외진 들녘의 허름한 비닐하우스에서
각종 테러훈련으로 무장을 하고
D-day의 그 날만 손꼽아 기다렸다.

야간 침투조처럼 선발대가 들어서기 무섭게
대대 병력을 채우는 건 일도 아니었다.
처음엔 일정한 간격으로 창가에 서서 경계근무를 서더니
책상과 캐비닛 위에 여기저기 앉아 감시를 시작했다.

복도 양쪽에선 일렬종대로 정렬하곤
제식훈련에 여념이 없는데
그 와중에도 화장실 안쪽에는

1963년 여주 출생, 여주고 졸업
《대한사이버문학》 제2호에 「잔설」 외 1편 게제
《대한사이버문학》 제15호에 「산」 외 9편 게제
계간지 《문학사랑》 시 부문 신인상 당선 (2012.9.)
(사)문학사랑 문인협회 회원, 대한사이버문학 동인
pdkun@daum.net

얼차려에 정신이 없는 놈들이
코를 비틀어 막고 늘어서 있다.

이상하게
그들은 이곳을 점령한 후로
물 한 모금 먹지 않고 있다.
이곳이 물 만드는 공장임에도 불구하고

한 가지 다행한 것은
그들 중에 동양란은 없다는 것이다.
아차, 이 말은 취소다.
서양란들이 들으면 또 경을 칠 테니

2

그들은 그 후로도 계속
아무것도 먹지 않았다.
아니 그 어떤 것도 원하지 않는 듯 했다.

탈수증 증세를 보이는 것도 모자라
피부가 누렇게 들뜨고 있는데도
위생병은 보이지 않았다.

회광반조라 했던가,
그들은 삶을 포기한 것처럼
스스로 생명의 불꽃을 태워
저마다 꽃을 피우기 시작했다.

올겨울은 유난히 추울 거란
기상캐스터의 전언이 없더라도
바람은 벌써 냉기를 가득 품고 있다.

아무런 준비도 없이
고지를 사수하려는 그들의 노력이
그 모진 삭풍을 과연 이겨낼 수 있을지
의문의 꼬리가 날개를 펴고 있다.

따뜻하진 못해도 차갑지는 않아요

말투는 장작개비 같아도 속정은 있다고 생각해요
왜 그렇게 살아왔는지 이유는 묻지 말아요.
감자와 보리밥이 주였지만 굶지는 않은 듯하고
사랑은 못 받았지만, 잔정은 받은 듯도 해요.
커가면서 웃음을 잃어버렸나 봐요.
몇 번이고 반복되는 반목과 질시 그리고 배반
세상으로부터 도태된 듯했어요.
웃음을 빼앗아 가기에 충분했는지도 모르죠.

사랑하는 법을 모르니 정을 뗄 수밖에요.
두려웠겠죠. 만나기가
멀리했겠죠. 사람을
마른 장작인 줄 알았는데 요즘은 가끔 눈물을 보여요.
가식을 내세우지만 여려진 거죠.
벽 속에 쌓아둔 정이 고개를 들고 있는 거 아닐까 싶어요.
제목의 문구를 보고 설움이 복받친 듯했어요.
소름이 쫙 돋았죠.
원래 심성은 착했던 거 같아요.
속정이 있는 거죠.
아마 따뜻하진 못해도 차갑지는 않을 거예요.

송전탑은 거기에 있었다

그들은 개척단에 짐을 푼 이주민도
해마다 터전을 옮기는 화전민도 아니다
다만 처음 주어진 대로 운명처럼 살았다.

산에 정착하면 산이 내 자리요
광야에 정착하면 광야가 고향인 듯
그렇게 불평 없이 뚝심으로 살았다.

아무도 관심 가져주지 않는 삶의 무게가 버거워도
서로서로 서로의 무게를 아픈 만큼 나누어 가지고
두 팔 벌려 이웃을 가슴으로 안고 살았다.

자식들은 제 할 일을 찾아
도심 여기저기로 뿔뿔이 흩어졌지만
세상은 그들을 환대하지 않았다.

눈총을 받는다는 건
기분 나쁜 관심을 받는다는 것

가끔 살덩이가 떨어져 나가고 허리가 부러져도
그들은 지옥 불구덩이 같은 세상을 끌어안고 살았다.

저 멀리 이국땅의 에펠탑처럼 인기도 없고
마을 어귀마다 헤픈 웃음으로 진을 치고 있는
장승처럼 사랑도 받지 않았지만
그들은 처음처럼 늘 거기에 있었다.

골초의 걱정

담배를 사러 간다
편의점도 싫고
대형마트도 싫어서
구멍가게를 찾는다.

그냥 마음 한번 접으면 될 걸
왜 사서 발품을 파는지
따져볼 이유는 없지만
이런 증상은
정신이 말짱할 때보다
얼큰할 때 더 심하다.

집이나 직장 또는 차
그리고 주머니에
담배가 떨어져 가면
불안이 엄습한다.
시간과 장소를 가리지 않고
담배를 사려고 혈안이 된다.

담배만 여유가 있다면
마음이 안정되고 부러울 게 없다.
그런데 요즘은
담배 피울 곳이 없어 걱정이다.

건물 안은 고사하고 공원과 정류장
하다못해 '하꼬방' 같은 선술집까지
모두 금연구역이 되어 버렸다.

한순간 참으면 될 걸
흡연구역을 찾는다.
못 피게 할 담배를 왜 만들어 파느냐고
이놈 저놈 갖다 붙여 상욕을 하다
더는 생각나는 육두문자가 없음에
더욱더 화가 치민다.

건강에 해로워 못 피게 한다며
독하게 마음 한번 접으면 된다며
갖은 못된 짓 하는 인간들
가진 것 많고 건강하다 자부해도
기껏 백 년도 못 살고 갈 인생들이
삶은 역지사지라는 걸 알기나 할는지.

뻐꾸기 울음소리에

뻐꾸기 울음소리에
자꾸만 눈시울이 뜨거워지는 이유는
정리해고와 함께 회색빛 공원을 배회하는
아버지의 축 늘어진 어깨가 아파 보이기 때문이다.

지키고 싶은 것을 지키려 했던 벅찬 노력의 대가는
한줄기 스산한 바람처럼 흩어지고
이젠 침침해져 자식도 알아볼 수 없는 눈가에
짓무른 눈곱만 서성이기 때문이다.

뻐꾸기 울음소리에
자꾸만 가슴 한복판이 울컥하는 이유는
남의 집 허드렛일에 거북이 등가죽처럼 갈라진
어머니의 손등이 눈가에 어른거리기 때문이다.

지우고 싶은 것을 지우려 했던 슬픈 노력의 대가는
한없이 처절한 막장드라마처럼 구겨지고
두고 온 자식에게 먼발치에서나마 온정을 주고자
밤낮으로 동구 밖 느티나무 밑을 서성이기 때문이다.

마누라

아무래도
역마살인 듯한데

놓아줄 걸
그랬나보다

공공의 적

어째 금복주가 됐냐?
어쩌다 보니

고추는 보이냐?
배꼽도 안 보이는데

지장은 없냐?
원래 꼭대기에선
깊은 골이 안 보이는 법이다.

가을 소묘

염색물이 뚝뚝 떨어질 듯한 하늘가에
솜사탕 같은 추억은 뵈질 않고
헤어나지 못할 것 같은 그리움만
미친 듯이 피어오른다.

수줍게 익어가는 단풍은
숨어 우는 바람에 몸부림치고
차라리 잊고 싶은 사랑은
시린 설움만 물들인다.

만남 삼십삼

꽃다운 열아홉 청춘을
삼십하고도 삼 년을 더
갉아먹고 살았더이다.

비바람 불고
진눈깨비가 내려도
차마 내려놓지 못한 세월

그 긴긴 날들을
사랑의 불씨만 안고
그렇게 모질게 살았더이다.

살면서 어찌
좋은 날들만 있었겠느냐마는
설움보다는 그리움을 앞세우고

덮어주고 감싸주며
아껴주고 보듬어 주며
그렇게 살뜰하게 살았더이다.

이제 남은 날들
앞으로 헤쳐 나가야 할 날들
지난 세월보다 더 살가운

행복의 불씨를 안고
삼십삼천 신바람으로 넘나들며
그렇게 곱게 살고 싶더이다.

* 아내와의 만남 33주년을 기리며

눈 타령

눈이 무식하게 내려
눈길을 걷고파
눈꽃무늬 외투를 걸치고 나가니
눈 위를 걷는 것인지
눈 속을 걷는 것인지
눈에 힘을 주어 봐도
눈에 보이는 건
눈뿐이라
눈만 부셔
눈물이 난다.
눈 속을 헤매다 보니
눈동자에 어리는 님이 있어
눈을 굴려 님을 닮은
눈사람을 만들어 놓고
눈물이 나도록 님을 불러 보지만
눈 속에 님은 보이지 않고
눈이 내가 되고 내가
눈이 되고
눈은 님이 되고 님 또한
눈이 되고
눈은 눈이 되어
눈 속에 눈만 남는다.

❖ 박은경

꽃씨를 털다

앉은뱅이 풀꽃
코딱지만한 꽃접시
사이사이 헤집어 보며
손끝으로 톡톡
꽃씨를 턴다

1961년 서울 출생
고교 졸업후 미국에서 어학, 교육신학 수료
계간 《문학사랑》 수필 부문 신인상 당선
(사)문학사랑문인협회 회원, 대한사이버문학 동인
현재 미네소타 주에 거주
ugk7439@hanmail.net

북위 48도

희미한 햇살
유월에야 흙 이불 덮었어도
여름 내내 꽃잔치
타향살이 시름을 잊기도 했다

지난 가을

병석의 아버지 심부름
우체국에 들렀다 너를 만나
함께 태평양을 건넜던 것
"참 잘 했어요!"
나에게 칭찬을 해 본다

찬 서리 맞으며

꽃 피고 씨 맺는 채송화
꽃씨를 털다 말고

그리움에 하늘 보며 기도 한다
내년에도 여전하길

오히려 더 풍성하길
부모님도 너희처럼

여전하시길…

시조 | 겨울 낚시

두꺼운 얼음판에 구멍을 숭숭 뚫어
낚싯대 드려놓고 월척을 상상하나
하루 해 다 저물도록 비린내도 없더라

서울시 크기만한 호수가 꽁꽁 얼어
이 천여 동 판잣집 마을을 이루었네
때때로 구조대원들 자동차도 낚시해

이월의 마지막 주 열리는 낚시 대회
동장군 칼바람도 막을 수 없었더라
대어를 건지고 싶은 낚시꾼의 열기를

❖ 서병달

봄비 내리는 날

봄비 촉촉이 내리는 날
꽃과 나비가 그려진
커플 우산을 하나씩 받쳐 든
노부부가 등산을 한다
말은 없다
영감은 한 발 앞서 가고
할멈은 한 발자국 뒤쳐져 걷는다
톡톡틱틱 톡톡틱틱
우산에 부딪치는 빗소리가
계곡물 소리와 화음을 이룬다
앞서가던 영감이 뒤돌아보며
"할망구, 팔 아프재?"
"나는 괜찮아요.
영감탱이 팔이 아픈 모양이재?"
걱정도 정이다
등산하는 노부부의 우산이
화사하다

《대한문학세계》 시 부문 신인상
팔도문학, 대한사이버문학 동인
밀양문인협회 회원
smupil@hanmail.net

홍시

뿌리 없는 감나무 가지에
홍시 한 점 달랑 달려있다
에덴동산의 뱀 같은 은근한 유혹에
팔을 뻗어 홍시를 따먹고 나니
가슴은 시리고 배가 아프다
때깔만 좋았지 속이 상한 홍시
푸른 하늘에 뭉게구름은
바람타고 유유히 흐르고
의원과 약국 간판
또렷하게 보이는 한낮

박카스의 후예들

신神도
중생이 너무 설쳐대면
바벨탑을 무너뜨렸듯이
소돔과 고모라를 멸망시켰듯이
돌아앉을 수밖에 없다
축복의 은혜를
박카스 아가리에 주둥이를 들이 밀고
마구잡이로 성군을 상납하는
꼬락서니들
왜 날 닮아 속을 썩이는지
알다가도 모를 일이다
피폐해진 영혼으로
이제 너는 어디로 가서
무엇을 하려는가
명암 깨어진 술잔은
너의 거친 손아귀에서
아직도 숨결이
남아 있는데

묵음 유언

어머니는 저녁밥 잘 자시고 엎드려서
텔레비전 보시다가 그만 돌아가셨다
때는 겨울이었다
칠년 쯤 지나서
아버지는 일찍 침묵에 들어 죽으로
연명하시다 아침에 돌아가셨다
때는 여름이었다
먼저 가신 어머니도
나중에 가신 아버지도
유언은 없으셨다
줄 게 없으니 굳이 유언이
필요치 않으셨다
남길 말도 없으셨을까
우애 있게 지내라든가
잘 살아라든가
건강 하라든가
자식 잘 키우라든가
어머니 아버지는
아버지 어머니는
묵음으로 유언을
남기셨다

목젖이 따끔거리는 것은

목젖이 따끔거리는 것은
편도가 부었기 때문이다
계절 탓인지 습관성 음주 탓인지
막무가내로 발병 원인을 갖다 붙인들
할 말은 없다 약을 사서 먹어도
삼일 치나 사서 먹었는데도 기별이 없다
하루 이틀 분으로 제꺽 낫던 것이
삼일 치나 먹고도 잘 낫지 않으니
혹시 죽을병은 아닌지 걱정이 슬쩍 된다
나 하나 없어도 지구의 회전각이 어긋날 리는 없겠지만
하나씩 있는 처자식 말고는
눈물 한 방울 떨어트릴 사람 없겠지만
어쩌면 축배주 들 연놈이 있을지 모르지만
스스로 동정하기를 아직은 나이가 좀 걸린다
만약에 죽을병이라면, 이왕에 이렇게 되었다면
이판사판이다 대문 밖이 저승이라지
현관문을 확 열어 젖혔다
어쩜 바깥세상이 이승을 이리도 쏙 빼 닮았을까

사일 째 되는 날부터 약발이 먹히기 시작했다
아무래도 원판 속에서 더 뒹굴어야 할까보다

무감각

관념의 옷을 입고
제 잘난 맛으로 사는 세상
근사하게 계절을 노래하지만
계절이 근사하지만은 않다
눈에 보이는 모든 것은
그저 보이는 것일 뿐

멍에

늘 푸른 잎도 단풍도 되지 못한
마른 잎들은 낙엽이 되어
마구 짓밟히는 크나큰 아픔에도
숨죽이고 있다.

바스락 거리는 소리에도 산새는 지저귀고
앙상한 가지 사이로 이는 차가운 바람
일고지면

겨우내 문드러진 삭신은 땅속에 점으로 스며들어
늘 푸른 잎을 위한 한 모금 생명수가 되고
다시 태어날 단풍을 위해 한줌 거름이 되고
그리고 낙엽을 위한 운명의 멍에가 된다.

둑에 맴도는 바람

찬바람은 둑에서 맴돌고
먹물 먹은 하천엔 얼빠진 철새 몇 마리
시들시들한 건너 남새밭의 늙은 아낙은
쪼글쪼글한 주름을 한 소쿠리 가득 안고
흘러간 노랫소리에 말라비틀어진
엉덩이가 촐싹거린다

발목은 시리고 마음은 차다
바람은 떠나지 않을 것이다
지치면 둑에 누워 잠시
쉴 뿐

삶

두 년의 갈림길에서
제야의 종소리 아득하다
엎치락뒤치락하는 것은
삶의 본래 모습인 것을
넘어지고 일어서는 것은
삶이 지향하는 길이다
이래도 한 세상은 체념의 눈물
저래도 한 세상은 패배자의 노래
저자거리 돼지국밥집에서
소주 한잔 목구멍에 털어 넣으며
나는 이렇게 살고 있노라고
한 마디 할 수 있다면
그런대로 한 세상
잘 사는 것일까

독선

기氣란 무엇인가
신경망을 타고 흐르는 스멀거림이
단전에 모여들 때
기氣는 완성되는 것인가

도道란 무엇인가
목불木佛을 쪼개어
불쏘시개로 활활 태울 때
도道는 이루어지는 것인가

거친 들에 자라는 잡초 한 그루에도
생명을 인식하고
텃밭의 돌멩이 하나에도
의미를 주며 사는
이 마음은 어떤가

시氣란
도道란
하루살이 같은 인생길에
양념 같은 것은 아닐까.

❖ 서부련

배냇병신

콧물감기인가?
그것 참 귀찮네~
약을 한 열흘 먹어도
그냥 그 타령
텔레비전 의학코너를 보다보니
알레르기성 비염 같다.

딸이 딸을 낳아서, 마누라는
산바라지 하러 딸네 가고
나보다 작고 어리지만
한 날 한 시에 같이 어른 됐다고 항변하는
이제는 든든해진 마누라가 없어
혼자서는 병원 갈 엄두도 못 내고
애꿎은 약국 알약만 털어 넣네!

마누라 왈~
"배냇병신인가?
왜 혼자서는 병원도 못 가!"

1948년 인천 출생, 고교 영어교사 역임
특별법인 한국해운조합 봉직, (주)HL해운 상무이사 역임
현) 중국 (주)청도MK통상 대표이사
한국문인협회 회원, 21C 한국시인회 이사, 대한사이버문학 동인
동인시집 『마음 열고 숲에 서리라』 『들풀 소리』
『제 몫을 다한 화음』 발간
buryun@hanmail.net, 010-7105-6096

❖ 이동숙

미로

초저녁 새우잠을 자고 일어났다
발랑리의 밤은 더 길어
날은 더디게 지나간다
거실 미등을 켜고
러닝머신을 타기 시작했다
4
5
6
스피드를 올리고
쫓기듯 서둘러 길을 나선다
오밤중 기계음이 잰걸음을 더 빨리 밀어낸다
한 시간 족히 달음박질 했으리라
스위치를 끄고 마루에 발이 닿는데
휘청
허기진 마음이 흔들렸다
그 밤
떠나지도 못하고 되돌아 가지도 못한 마음이
러닝머신 위에서 맴돌았다

1960년 경남 거창 출생
제5회 수용문학 수필상 (2013)
제53회 인터넷문학상 (2014)
시집 『말이 고픈 날』 발간 (2013)
한국방송대학 국어국문학과 수용미학연구회,
대한사이버문학 동인
dongsook1118@hanmail.net

아무 일도 일어나지 않았다

바티칸 시스티나성당
최후의 심판 그림 앞에서
하마터면 무의식 속에서 무릎을 꿇을 뻔 했다
별로 착한 기독인도 아니고
교인들 기도 제목이나 되면서 말이다

마귀가 살가죽을 벗겨서
한손으로 들고 있는
미켈란젤로가
구겨진 얼굴로
나를 응시하고 있었다

순간
촬영을 금한다는
경고가 있었는데도
에덴동산에서 이브가 건네 준
사과를 삼키던
아담의 목젖 넘기는 소리가
두세 번 들렸다
가슴이 쿵쾅이며
다리가 부들부들 떨렸다
자꾸만 눈물이 나서 그림이 흐려진다

서둘러
바티칸 시스티나성당 출구를 찾아
광장으로 나왔다
하늘은 더없이 푸르고
광장은 관광객들로 울긋불긋
아무 일도
일어나지 않았다

건망증 1

샤워를 하고
머리를 감고
흘러내린 머리를 묶으려고
팔목에 채워진 옷장 키를 더듬어 찾는다
팔목이 허전하다
키를 어떻게 했더라
기억을 더듬어도
머리는 하얗게 비어있다
허둥이며 찾아도 없다

아~
그래 아까 음료수를 사면서
매점에 주었지

건망증 2

보름 동안 사용하지 않았다고
비밀번호가 생각나지 않는다
딸에게 전화를 걸어
내 비밀 번호를 물었다
걱정 반
한숨 반
섞인 탄식이
핸드폰을 타고 흘러나온다
엄마~
손자 생일이잖아요
아 그래 그랬지
또 더듬더듬
좌판도 생경하다
기억을
최후의 심판 그림 앞에
떨어트리고 왔나보다

각주

강산이 세 번하고도 오년이나
지났는데도
수시로 기억 속에서 떠올라
마음을 흐리게 하는
작은 조각조각들이 있다

그의 마음을
아직도 읽을 수가 없다
늘 각주가 달리지 않은
기억 속에서
길을 잃고
상처를 입으며
그 아물지 않은 상처가
덧나면서
서로 엇갈린다

언제쯤이면
각주를 달지 않아도
아파하지 않을 수 있을까

저물녘

유효기간이 만료된
기억의 조각들이
서걱이며 부서져
긴 그림자를 늘이는 시간

노파는 낡은 유모차 위로
종이 상자를 허겁지겁 접어 올린다
엉성하게 묶여진 노끈
구겨진 폐지들이
자꾸만 흘러내리고
삶의 흔적만큼이나
느린 한숨들
쌓고 헐기를 반복한다

유모차를 밀고 가는
헐떡이는 낡은 슬리퍼

손에 쥔 천 원짜리 석장과
동전 두 개
저물녘 노을에
더 깊어진 주름이 젖는다

똥장군

그래도
명색이 이름이 장군인데
김 이 박
많은 성씨 두고
하필이면 똥이라니
발우나 제기는 아니어도
물 함지박이라도 좋으련만
똥장군이라니

뒷간에 팽개쳐져 먼지 쌓이다
역하고 냄새나는 버림의 찌꺼기
출렁출렁 지게 위에서
볕이라도 쬐는 날이면
코 막고 인상 찌푸리며
푸대접이다

한 시절 지나
역한 냄새 씻기고
족쇄같이 따라 다니던
똥 자도 떼어내고
이름처럼 늠름하게
장군으로 다시 태어났다

시조

❖ 이상야

가을 밑동

밤늦도록 귀뚜라미
통곡하던 풀 숲속에

새까맣게 개미떼
분주하게 오간다.

거대한
잠자리어르신
운구하는 중이다.

경기 용인 출생
열린시조학회, 한국문인협회, 한국시조시인협회 회원
대한사이버문학 동인
《문학사랑》으로 등단
시집 『풍경소리』 발간
l5725@hanmail.net

과일 탑

노점상 저 할머니
공을 들여 탑 쌓는다.

행여나 흘러내려
멍이라도 들까봐

웅크린
파리한 자태
기도하는 보살이다.

햇빛 받아 반짝이는
알알이 익은 보석

가슴 속에 쟁여 놓은
싱그러운 감로수

저 과일
몸속에 들어
사리탑이 될 것이다.

꽃 진자리

얼마만한 허공인가
얼마나 기다렸을까

눈가에 잔주름을
살짝 적신 따슨 눈물

세상을
다 준다 해도
채울 수 없는 허전함

뒤주

저 어린 것 배밀이하며 고개 들고 몸부림친다.
깔딱깔딱 숨 넘길 때 바닷물도 따라 넘고,
터질듯
저 퉁방울 눈,
깨물어 터지는 입술.

풀어 헤친 검은 파도 사정없이 뒤흔들어
목이 쉰 메아리도 가뭇없이 묻히고,
손에 손
마주잡은 아귀,
열리지 않는 저 자물통.

보고픔에 배고픔에, 손발톱은 다 무르고
처절하게 향일하던 넝쿨조차 썩어간다.
저기 저
통곡의 항구,
흥건하다 피 눈물로.

빛의 보고

원형의 수틀 짜는
보석 지닌 조기 떼

황금빛 보리누름
제 몸피 부풀리고

가슴 속
확 풀어 주는
향긋한 해초 내음

기대 부푼 갈매기들
간질이는 푸른 파도

들뜬 저 개구리 소리
바다 경전 읊조리고

황혼이
둥지 튼 자리
천혜의 빛 물든다.

외발 썰매

— 백로

셀 수 없이 낙하하는
목화송이 목련송이

날개와 날개 사이
여백과 여백 사이

사르르
미닫이 닫히듯
사뿐사뿐한 저 착지.

차茶

팔팔 끓는 젊음을
느긋이 눌러 앉혀

비손하듯 정성들여
살며시 우려내면

향긋한
날개를 펴며
환생하는 저 나비들

홀로서기

암탉이 가슴으로
병아리를 품은 봄 날

한 발짝 바깥으로
나가기 낯설었지만

세상 밖
두려움 뒤에
어머니의 후광이 있었다

황혼

지는 해 왜 아름다운지
이제 와서 알겠네,

떨어진 낙엽 냄새
왜 구수한지 알겠네,

언덕길
손잡고 걷고 있는
하얀 머리 노부부.

❖ 임동미

아집

소나기는 유리창에 모여
밀당을 한다

강하고 여리게
맑고 투명하게
길게 때론 짧게

노을을 지운 구름은
어둠이 빚은 그림속에
밤을 맞는 가로등
그밑
길게 구운 붉은 수은등 불빛따라
한때의 오글거림

하루살이 불빛아래
천연덕스레 늘어 놓는 거짓말
너는 나, 나는 나나

현) 군포시 거주
대한사이버문학 동인
idm1205@hanmail.net

❖ 최춘자

아! 꽃봄

봄이 꽃등이라면
살포시 손으로 잡아
창가에 걸어둘 것을

매화향이 편지지라면
고운 글 수놓아
내 님에게 보내드릴 것을.

필명: 모은慕恩, 전남 영암 출생, 현) 미국 뉴욕 거주
시집 제1집 『삶이 없어도 그대 사랑이라면』
제2집 『내 사랑이 머문 자리』 제3집 『오직 사랑 하나로』 발간
《문예춘추》 신인문학상 등단, 대한사이버문학 동인
매월당 김시습 문학상 수상, 연암 문학 예술상 수상
미국 에피포트 문학상 수상
ccj312@hanmail.net

봄 소식

바구니 들고
친구랑 냉이 캐러
봄 오는 들판에 갔는데요
바구니 가득
냉이를 담았는데요

첫사랑과 마주하고 마신
커피 냄새처럼
냉이향 달콤했는데요
어머나 어찌한데요
친구가 우네요

눈물 한 방울
늙은 볼에 흐르네요
들판에 핀
꽃다지 노란 꽃 옆에서
풀처럼 웅크려 우네요

하찮은 꽃다지 꽃으로
기어이 봄이 왔는데요
슬픔 없이 왔는데요
친구 눈물 서러워
봄 초장이
마냥 애달프네요.

가을이 간다

새들도 가을에 떠나는가
잎 져 앙상한 가지만
바람에 흔들려 스산하다
푸른 나무에 번지던 새들의 노래
추억처럼 가슴 시리다

마지막 단풍 빛 스러진다
햇살만 무심히 밝다
가을엔 떠나지 말라고
가수는 노래했지만
가랑잎은 뒹굴며 떠난다
찻잔의 온기마저 서럽다

이별 없는 날들이 있었던가
가을이란 이별하기 좋은 계절
너를 보낸다, 나를 보낸다
그러고서도 식지 않은 가슴 뜨거워
가을, 그 황금빛 터널을 다시 돌아본다
사랑이었구나.

덧없다 하여도

꽃 피고 지는 세월
계절도 덧없어
봄바람도 저만치
발걸음이 휘청거린다

절정인 줄 모른 채
층계를 올라
마침내 아스라한 벼랑으로
낙화하는 봄꽃들

열정 두른 세상인들
낙원만은 아닐지라
머물지 않은 삶이란
애초에 잘못 들어선 이방인

바람아 그래도 다시
햇빛을 담고 구름 모아
죽어 가는 슬픔도 감사할
사랑이라 말해다오

여행길 가다가다
구겨진 상처 지우고
작은 꽃송이 가슴에 품어
웃음꽃 다시 피도록

성스러운 하늘이
축복으로 내릴 즈음
류마티스 두 손 기도에도
임은 항시 내게 머문다고.

물 흐르듯이

앓아누워 본 사람은 안다

창밖엔 햇살 눈부시고
새들 노래하고
아이들 뛰노는 소리 명랑하지만
보이지도 들리지도 않는다

다만 문 앞에 대기하고 있는
죽음을 볼 뿐이다
머잖아 올라갈 하늘
며칠 뒤 묻힐 땅을 느낄 뿐이다

병이 깊어질 수밖에 없다
조석 간에 부유하다 떠나는
하루살이를 애틋하게 바라볼 수밖에 없다

아직 남은 숨이 소중해진다
삶조차 두려웠으나 죽음은 더 두렵다
죽음 뒤엔 무엇이 올지 다시 두려워진다

생각이 없는 동식물은
막판에 기다리는 게 죽음임을 모른다
죽음을 모르기에 두려움이 없다
때가 되면 그냥 죽는다

물 흐르듯이 흘러간다
세상에 이보다 부러운 건 없다.

사랑으로 살게 하소서

새해 새벽
동트는 햇살을
뜨겁게 맞이합니다
당신을 호명하며
부끄러이 속된 날들을 뉘우치고
새날의 희망을 노래합니다

믿음, 소망, 사랑으로 살라 하신 님이시여
말씀으로 다가오셔
은총으로 힘을 주시는
당신의 우주 안에서
이 새벽에 다시 태어납니다
굽이굽이 누추한 어제들을 돌아보며
속죄의 가슴을 움켜쥐고
첫사랑 설레는 숨결로 당신을 부릅니다

삶은 진흙처럼 빽빽하여
자주 갈지자 헛걸음을 걸었습니다
교만과 과욕으로 흔들렸습니다
감히 죄 사함을 기도드리기조차 부끄러운
용렬한 믿음으로
무한히 넓은 당신의 가슴으로
세찬 연어처럼 회귀합니다

당신은 무궁한 사랑을 주셨습니다
너희는 서로 사랑하라 하셨습니다
아아, 그 좋은 사랑을
때로 외면하고
때로 거슬렀습니다
손을 잡아주소서
보듬어 주소서 님이시여

사방으로 열린 사랑으로
어지러운 나루를 건너
진리의 항구에 닿는 길
당신에게 이르는 길
새해 아침에
두근거리는 첫 마음으로
정결하게 씻은
새악시의 떨리는 눈길로
환한 길을 바라봅니다

날마다 푸른 중천에 뜨는 해처럼
매양 눈부시게 존재하는 님이시여
거듭거듭 태어나게 하소서
세상의 낮은 자리로 인도하소서
변방이 없는 사랑으로 살다가
마침내 사랑으로 죽게 하소서

당신으로 이어진 길
기쁨으로 걷게 하소서
어미가 어린 것에게 젖을 물리듯
힘을 주소서 님이시여.

이럴 땐 눈물이 나

햇살 눈부신 날 고요히 바스러지는 낙엽을 볼 때
상처투성이 날개로 간신히 꽃잎에 앉은 나비를 볼 때
새끼에게 먹이를 물어다 주는 어미 새 작은 몸을 볼 때
가을밤 무너지듯 홀로 구슬피 우는 풀벌레 소리 들을 때

이럴 땐 눈물이 나.

시든 꽃가지 찬바람에 흔들리며 말라갈 때
시리게 파란 하늘에 낮달 핼쑥하게 이울 때
허물어진 토담에 노을빛 홍건하게 어릴 때
산마을 오두막 봉창에 백열등 불빛 가물거릴 때

이럴 땐 눈물이 나.

쓸쓸한 정든 벗의 마른 어깨를 끌어안을 때
허리 휜 촌로의 등 너머로 가을꽃 살랑거릴 때
핼끔 웃는 오라비 얼굴에 고랑처럼 패인 주름을 볼 때
그리워 그리워, 어머니 흙무덤에 얼굴을 비빌 때

이럴 땐 눈물이 나.

달빛에 젖어

깊은 밤 창가에
달빛 화사해
불쑥 당신이 생각납니다

달빛처럼 환한 얼굴
보고 싶은 맘이야 아릿하지만
그래도 좋습니다

동산 위 보름달
활짝 웃고 있잖아요
당신, 달님으로 오셨잖아요

외로움을 잊은 채
마냥 달빛에 젖어
차라리 행복합니다.

그릇에 관한 즉흥시

지구도 그릇이다
히말라야부터 남극까지
크고 넓은 것들을
먼지부터 박테리아까지
보이지 않는 것들을
모두 받아 섬긴다

땅 그릇 하늘그릇을 보라
밥그릇을 보라
통째 사랑이다
삶의 문제는
그릇에 달려있다

쓸쓸한 사람이여
이 새아침

목 놓아 울어
간장종지처럼 비좁은 마음을
후회의 눈물로 넘치게 하라

그릇을 채워라
반성으로써 키워라.

겨울 산

혼자 걷는 겨울 산
발길마다
바스락 바스락
낙엽이 알아듣는 소리

추레한
내 가랑잎 인생을
알아주는 소리

울 엄니 음성처럼
따숩게
파고드는 소리.

❖ 황의진

꿈

한밤중
고요한 방
나의 숨소리는
서걱서걱
시계 소리에 스며들고

창 밖에 내리는
빗소리는
내 가슴으로 들어와
밤새워 운다

날이 새고
비가 그치면
앞산에 뜬구름
바람 타고
산 넘어간다

1944년 7월 4일생
현} 황포농산 경영
시집 『임진강』 발간 (2013)
《문학사랑》 52회 인터넷문학상 수상 (2014)
문학사랑 문인협회 회원, 대한사이버문학 동인
hej4@hanmail.net, 010-2624-2549

고향의 맛

언젠가
헛간 커다란 독
구수하게 익어가는

용수 틀어넣어
밥알 떠있는 노란 약주
표주박으로 한가득 퍼내어
조상님 전에 올린 뒤

가마솥 펄펄 끓는 물 위에
주전자 휘휘 둘러
따끈하게 데워서
한숨에 들이키고

제상에 고기 적 한 점
외로 쓰다듬은
입안에 눈감고 넣었던
그때 환상

대가뭄

모내야 하는데
임진강이 말랐다
역사에도 없던
삼분에 이의
강바닥이 드러났다

태고이래
물고기 휘젓던
강 밑에 먼지가 날린다

농부가 울며 걷는다

망년회

커다란 탁상
여러 개 모아놓고
빙 둘러앉아
차를 마시고
술도 마시며
제가끔 옆 사람과 떠든다.
술 취한 목소리만 커진다

눈이 감기고
졸음이 쏟아져 몽롱한데
연못에 얼굴을 묻었네
개굴개굴 개굴개굴
해가 기울고
밤이 깊었는데
끝일 줄 모르고
개굴개굴 개굴개굴

밤바다

빨간 저녁노을
어둠에 젖어 검은 빛으로 온다
조용한 바다위로
스쳐 오는 바람
작은 파도를 밀어 붙이고 있다

내 마음 한 자락
누군가 썽둥 베어간 듯
허전한 오늘밤
세상의 쾌락을 다준다 해도
빈 가슴에
파도만 넘실거린다.

바람을 피워보자
붉은 조명 진하게 흐르는
스탠드 바에서
드레스 사이로 앞가슴 출렁이며
데낄라를 들고 온 여자와
밤새워 취해 보자

비

바람이 비를 몰아와
창가에 사납게 뿌리는 소리듣고
봄이 급히 왔음을 안다
비 멎으면 꽃 마중 하렸는데
어느새 찾아왔구려
오늘 밤 그녀가
진달래 곁을 살며시 지나
나를 찾아오면
퉁퉁 부운 꽃망울 툭 터지려나

오막살이

터질 것 같은 답답한 하늘
힘겹게 참던 눈이 쏟아진다.
뒤틀어진 창가에는
희미한 불빛이 흐른다

창밖에 메밀묵 장사가
목청 돋운다
수삼 년째 아랫목에 누워
뒤척이던 할머니가 부른다

메밀묵은 목젖을 스치고
찹쌀떡은 혀끝에 도슬린다
할머니는 힘이 불끈 솟아
창문을 박차고 하늘로 뛰어올랐다.

유산소 운동

공원벤치에
바람 일고
나뒹구는 낙엽 외로워

지난 세월 잡으려
흔적 따라 둘레길 돈다.
돌고 돌아 봄은 만났지만
그때 봄은 아닌 것 같아

다시 돌고 돌았다
몇 년을 돌아도 만나지 못해
서러워 거울 앞에 섰다

거울 속에
건강해진 내 모습
지나간 봄이
여기 머물었구나

자유

외롭고 슬플 때도 있지만
혼자 잘살고 있답니다
주위에서 참한 여자 중신 들어올 때
솔깃해 생각해보니
골골하던 마누라하고 살 때 너무 힘들어서
고개를 가로저었지요
남들은 먼저 간 아내 못 잊어서 혼자 산다고 해도
나는 아무 말 안 했어요
외로움을 버리면 자유도 함께 버려야 하지요
외로움보다는 자유가 더 좋아요
그래서 내 맘대로 살기로 했답니다

제기 그릇

당신 떠난 지 10여 년
새해 돌아올 때마다
변변한 제기 그릇 하나 없이
차례상 받느라 얼마나 서운 했겠소

자식들 눈치 아무리 보아야
매일 아옹다옹 다투었어도
당신 속 아는 사람
세상엔 나밖에 없는 것 같아

올 설엔 큰맘 먹고
제기 한 벌 병풍 하나 장만했소
올해부턴 내가 제사상 차려 주리다
맘 편히 다녀가구려

당신을 가장 많이
사랑하는 사람이

수필

❖ 박덕균

꿈꾸는 세상

여행을 계획하며 살았다. 몸은 가정과 직장에 얽매여 있어도 마음은 언제나 여행을 하고 있었다. 여행사의 틀에 박힌 패키지여행이 아닌 나만의 자유로운 여행을 하고 싶었다. 시간이 주어진다면 몇 달도 좋고 아니면 한 달도 좋고 그마저도 안 된다면 단 일주일이라도 마음 내키는 대로 발길 닿는 대로 모든 것 훌훌 털고 물길 따라 바람 따라 떠나고 싶었다.

얼마 전에도 친구들과 여행을 계획했었다. 부산에도 가고 통영에도 가고 남쪽이든 서쪽이든 섬에도 가고, 거기 가서 무엇을 보든 무엇을 하든 일단 떠나고 보자는 여행은 친구들도 대찬성이었다. 계획은 풍성했다. 그러나 거기까지였다. 예기치 않은 일로 현실은 냉혹하게 나를 놓아주지 않았다. 친구들은 다음 주라도 당장 기차표를 예약하라고 아우성이다. 길지도 않은 여행계획, 달랑 2박 3일의 계획도 내겐 복에 겨운 계획으로 무산되었다.

예전에 백두산을 가자고 모임을 만들고 다달이 회비도 모았다. 하지만 몇 년이 지나도록 백두산은 꿈으로 남아있다. 넉넉지 못한 살림살이도 걸림돌이지만 어쩌면 제일 큰 문제는 나의 소심한 성격이 제일 큰 걸림돌로 작용하고 있다고 생각하면서도 선뜻 그것을 고치지 못하고 있으

1963년 여주 출생, 여주고 졸업
《대한사이버문학》 제2호에 「잔설」 외 1편 게제
《대한사이버문학》 제15호에 「산」 외 9편 게제
계간지 《문학사랑》 시 부문 신인상 당선 (2012.9.)
(사)문학사랑 문인협회 회원, 대한사이버문학 동인
pdkun@daum.net

니 참으로 적막강산이 따로 없다.

여행은 꿈이다. 그것이 자아의 신화를 이루는 것이든 아니든 여행은 온전한 꿈이다. 어느 곳에 가면 꼭 무엇이 있을 것 같고 또 어느 곳에 가면 무엇인가를 깨닫게 될 것도 같고 딱히 꼬집어 말할 수는 없지만, 그 어떤 것이 기다리고만 있을 것 같은 그런 느낌을 지울 수가 없다. 막상 그렇게 원하던 곳에 가보면 별것도 없고 느낌처럼 그렇게 이루어지지는 않았지만 그런 아쉬움 속에서도 마음에 무엇인가 남는 것은 있었다.

초등학교 시절 학교 도서실에서 읽었던 보물섬 이야기처럼 나도 보물이 있는 곳을 늘 동경하며 살았던 것 같다. 보물이 물질적인 것이든 정신적인 것이든 보물이라는 것은 그 자체가 아름다운 꿈이기에 사람들은 평생 그것을 가슴에 품고 사는지도 모른다. 지금은 그 꿈이 가끔 로또복권으로 이어지기도 하지만 어차피 그것도 꿈의 일부분이다.

연금술사에서 이야기하듯 어쩌면 지금까지 꾸어 오던 꿈과 지금까지 살아온 날들이 신의 각본에 짜여진 대로 어차피 그렇게 되었을 일인지도 모른다. 그러나 그것이 다는 아닐 것이다. 주어진 운명도 있지만 개척하는 운명도 있을 것이다. 개척하는 운명까지 같은 맥락이라면 할 말이 없겠지만, 그 부분만은 반박하고 싶다.

세상 사람 그 누구든 연금술사를 동경하고 있을 것이다. 또 그렇게 되려고 노력하고 있다고 믿는다. 나도 연금술사가 되고 싶다. 납덩이를 금으로 만드는 연금술사가 아닌 메마른 마음을 갈고 닦아 황금물결 같은 마음을 드넓은 창공에 펼쳐 놓을 수 있는 그런 연금술사가 되고 싶다. 그리하여 그 물결이 세상 모든 꿈꾸는 이들에게 작은 불씨가 되어 미움도 없고 다툼도 없는, 아픔도 없고 슬픔도 없는 온 세상 서로 사랑하며 사랑으로 살아갈 수 있도록 다독이며 살고 싶다. 그리고 이렇게 외쳐보고 싶다.

"꿈꾸는 세상은 살만한 세상이다"라고.

내 영혼이 따뜻했던 날들

요즘 사람들은 '힐링'이라는 말을 많이 쓴다. 그만큼 사회가 전반적으로 어렵고 각박하다는 것을 의미한다. 사람들은 살면서 무의식중에 상처를 입지만 적기에 그 상처를 치료하기는 쉽지 않다.

상처를 치료하는 방법은 여러 가지가 있다. 여행을 간다든지 영화를 본다든지 아니면 코드가 맞는 친구와 대화를 나눈다든지 또는 전문가에게 정신 상담을 받는다든지 하는 방법도 있다. 하지만 그중 가장 쉽게 대할 수 있으며 빼놓을 수 없는 것이 바로 마음의 양식인 책이다. 그런 점에서 볼 때 치유를 넘어 마음을 완벽하게 정화해주는 책이 바로 포리스트 카터의 '내 영혼이 따뜻했던 날들'이라 생각한다. 이야기는 부모님이 돌아가시고 고아가 된 아이가 할아버지, 할머니와 함께 살게 되면서 어린 시절을 보내며 겪게 되는 여러 가지 일을 정리해 놓은 것이며 이 이야기는 작가가 어린 시절 실제로 경험한 일들을 회상한 자전적 이야기라고도 한다. 할아버지와 할머니는 '체로키'라고 불리는 인디언 족이었고 주인공을 산골로 데려와 '작은 나무'라는 이름을 주어 함께 살게 된다. 인디언의 생활방식은 자연 친화적이고 자연을 포용하며 자연과 더불어 살아간다. 따라서 '작은 나무'는 어떻게 해야 자연과 공존할 수 있으며 어떻게 해야 자연 속에서 만족하며 살아갈 수 있는지를 배우며 성장해 간다. 나무와 새들과 또는 꽃과 바람과 이야기를 나누고 마음을 주고받으며 자연이 주는 선물들을 욕심 부리지 않고 마음껏 누리며 살아가는 모습에서 우리는 '힐링'을 받으며 마음이 정화되는 것을 느끼는 것이다.

주인공이 어린아이라 이야기가 전체적으로 순수하다는 느낌이 들지만, 이야기 중에는 할아버지와 주인공이 도시 사람들을 바라보는 시각을 통한 해학과 잠깐의 이별 뒤에 오는 만남의 감동도 가슴을 뭉클하게 한다.

또한, 이 책에서는 인디언의 시각을 빌어 문명인을 평가하고 있다. 다닥다닥 붙어 있는 회색 콘크리트 빌딩 숲에서 늘어나는 자살이라든가 필요 이상으로 부리는 탐욕 그리고 자연을 배려하지 못하는 이기심 등 문명인에 대해 재미있게 표현하고 있다.

문득 나의 어린 시절이 생각이 난다. 요즘 아이들은 어린이집과 학원에서 하루를 보낸다. 집에서나 나가서나 컴퓨터와 핸드폰에 빠져 산다. 하지만 내가 어릴 때는 그런 걸 모르고 살았다. 봄에는 냉이도 캐고 칡뿌리도 캐고 찔레순과 진달래도 따 먹으며 들로 산으로 뛰어다니며 놀았고, 여름에는 집 앞이 바로 강이라 허구한 날 수영도 하고 조개도 잡고 백사장에서 모래와 자갈을 가지고 놀며 두꺼비집도 짓고 성도 쌓았었다. 가을이면 밤과 도토리 또는 은행을 주우러 다녔고 사과 서리 배 서리도 하고 놀았고 겨울이면 눈싸움도 하고 썰매도 타고 딱지놀이와 구슬치기, 연날리기 등을 하며 종일 밖에서 놀다가 해가 뉘엿뉘엿 서산에 기울어야 집에 들어가곤 했다.

내가 요즘 아이들을 이해 못하듯이 요즘 아이들은 내가 어린 시절 이야기를 하면 잘 이해하지 못할 것이다. 초등학교에 입학하고서야 한글을 배우고 구구단을 배웠으니 요즘 아이들이 어찌 그때를 상상이나 할 수 있으랴. 어린 시절을 돌아보니 그때가 나에게는 '내 영혼이 따뜻했던 날들'이었다는 생각이 든다. 비록 그때가 경제적으로 어려운 시기라 모든 것이 풍족하지는 않았지만, 마음만은 순수하고 따뜻함으로 가득했던 것 같다. 현시대가 옛날로 돌아갈 수는 없지만 요즘 아이들도 자연과 더불어 놀 수 있는 공간과 기회가 더 많았으면 한다. 물론 정부나 각 지자체에서 공원이나 체육시설도 많이 만들고 있고 각종 행사를 통해서 아이들이 더 많은 체험을 할 수 있도록 노력을 하고 있지만 어떤 행사는 행사를 위한 행사로 그치고 형식적인 행사로 마무리되는 경우가 많다. 따라서 아이들이 정말로 즐거워하며 마음껏 뛰어놀 수 있어서 마음이 순수하고 따뜻한 사람으로 성장할 수 있도록 하는 노력이 절실히 필요할 때라고 생각한다. 그리하여 모든 사람이 가슴속에 '내 영혼이 따뜻했던 날들'을 간직할 수 있었으면 좋겠다.

❖ 박은경

베들레헴 이야기

길고 지루한 겨울이 지나면 사람도 나무도 파스텔 색깔의 봄옷으로 갈아입고 기분 좋게 새봄을 맞이합니다. 봄의 대표 명절 중에 빠질 수 없는 부활절이 곧 다가오네요. 사극, 즉 옛날이야기를 좋아하는 저는 우리나라 이야기뿐만 아니라 미국 서부 개척자들 이야기도 좋아하고 영국과 스코틀랜드 전쟁 이야기도 좋아합니다. 그리고 오랜 역사를 적어놓은 성경 속 이야기들, 즉 예수님 이야기도 무척 좋아합니다. 사실 성경은 예수님 이야기뿐 아니라 그보다 아주 오래전 이야기도 많이 있지요, 한번 들어보실래요?

예수의 출생지로 알고 있는 베들레헴은 작은 동네지만 성경을 살펴보면 주변에는 많은 역사적인 동네들이 있습니다. 남쪽에 있는 헤브론은 아브라함과 사라, 그리고 아들 이삭이 처음 이주하여 살던 지역이지요. 그리고 북쪽에 있는 동네 기드온은 여호수아가 전쟁 중에 태양을 명하여 머물게 한 곳이기도 합니다. 서쪽에는 블레셋과 전쟁 중에 소년 다윗이 거인 골리앗을 죽인 곳이 있고, 북으로 가까이에 있는 예루살렘은 아브라함이 전쟁에 이기고 돌아오다가 제사장 멜기세덱을 만나 십일조를 드렸다고 합니다. 때부터 1700년이 지난 후 예수의 탄생지가 된 곳이지요. 구약

1961년 서울 출생
고교 졸업후 미국에서 어학, 교육신학 수료
계간 《문학사랑》 수필 부문 신인상 당선
(사)문학사랑문인협회 회원, 대한사이버문학 동인
현재 미네소타 주에 거주
ugk7439@hanmail.net

성경 미가서 5장 2절에 보면 예수님과 연관되어 베들레헴이라는 동네가 처음 언급되어 있습니다. 하지만 구약의 많은 이야기들이 신약의 예수님을 만나는 길잡이 역할을 하곤 하지요. 그중 하나가 예수님의 먼 조상인 야곱의 아내인 라헬이 죽어 장사된 곳이 바로 이곳입니다. (창세기 35;16-19) 신학자들에 의하면 라헬이 유대인을 상징하고 야곱의 다른 아내인 그 언니 레아는 교회를 상징한다고 하더군요. 유대인들이 배척한 예수님이 기독교인의 공동체, 즉 교회의 머리가 되고 또한 교회를 위해 죽으셨다는 게 참으로 아이러니합니다.

두 번째 이야기는 룻기에서 찾을 수 있습니다. 룻이 저주받은 모압인에서 유대인으로 명예 회복을 얻은 곳이지요. (룻기 4;10-11) 베들레헴은 시어머니 나오미의 고향으로 나중에 마을 유지인 보아스와 결혼하면서 유대인이 되었답니다. 모압 땅에서 결혼한 첫 남편 멜론은 유대 법에 어긋남을 알면서도 룻을 사랑해서 결혼했으나 그곳에서 죽었고, 그 이름의 뜻을 보면 병약함, 죽음이라고 하더군요. 시어머니를 따라 베들레헴에 온 룻이 '하나님의 능력, 삶' 이라는 뜻을 가진 보아스와 결혼하게 된 것이 우연일까요? 인자 되신 예수님도 우리 인류를 사랑해서 십자가의 죽으심을 택하셨으나 하나님의 능력으로 부활하시고 영생이 되셨으니 성경에 앞뒤가 퍼즐 조각처럼 정확히 맞습니다. 사무엘 전서 16장에 보면 이곳 베들레헴은 다윗이 왕으로 기름 부음을 받은 곳이기도 합니다. 그는 예수님의 39대 조상이지요. 또한, 사무엘 후서 23장에 보면 다윗왕이 원수인 블레셋과 전쟁을 하다가 성을 빼앗기고 골짜기에 숨어있을 때가 있었습니다. 목이 말라 고향(베들레헴)의 샘물을 그리워하자, 병사 하나가 죽음을 무릅쓰고 그곳까지 가서 물을 떠 왔습니다. 그러나 목마른 다윗왕은 그 물을 마시지 않고 하나님께 부어 드리며 성을 다시 찾을 것을 맹세했고, 그 모습을 본 병사들은 기운을 재충전하여 결국 승리를 하게 되지요. 예수님이 하신 말씀에 '목마른 자들아 다 내게로 와서 마시라'하는 구절을 생각나게 하는 대목입니다.

떡집 또는 빵집으로 알려진 동네 베들레헴. 태초에 말씀으로 창조에 함께 하시고, 그 말씀이 육신을 입어 이 땅에 오셨다가 생명의 떡, 생수가 되어 우리 삶을 주관하시는 예수님. 구세주 예수님의 탄생을 1700년 전 그 태어날 곳까지 정확하게 선지자 미가가 예언하였고, 우리는 성찬을 통해 매번 그분을 기억합니다. 유월절 예루살렘에 들어오실 때 아이들과 백성들의 외치던 소리 '찬양하리로다, 유대인의 왕이여!' 동방박사들의 질문 '유대인의 왕이 태어날 곳이 어디냐?' 천사들이 목동들에게 전한 말, 십자가상의 명패에 쓰인 말 '유대인의 왕'

남편을 따라 사우디 아라비아에 오래 살면서 언제든 기회가 되면 이스라엘을 둘러보겠다고 다짐을 했었는데 테러 위협 때문에 급하게 미국으로 돌아오는 바람에 성지를 둘러볼 기회를 놓쳤지요. 참으로 아쉽고 늘 마음에 남아 있어 죽기 전에 꼭 해보고 싶은 버킷 리스트에 올라간 여러 목록 중에 하나랍니다. 우리 모두 새봄을 맞아 부활절을 맞아, 성경이 말하는 그분과 함께 만물의 부활을 함께 기뻐합시다.

The Bible is always, only, about Jesus.

행복했던 일주일

12월 10일 수요일 새벽, 사 년 만에 아이들을 모두 만난다는 마음에 기쁘고 설레어 밤잠을 설치고 평소 출근 시간보다도 이른 새벽 다섯 시 반에 일어났다. 내가 사는 작은 동네인 미네소타주 브레너드는 하루에 세 번 비행기가 뜨는, 말하자면 시골 마을에 버스가 두세 번 오는 그런 동네다. 아침 일곱 시 브레너드 공항을 출발, 주 수도인 미네아폴리스에서 비행기를 갈아타고 오후 두 시쯤 넷째가 살고 있는 조지아 주의 애틀란타 공항에 도착했다. 마중 나온 둘째, 넷째와 만나 함께 넷째네 집으로 두 시간을 더 차를 타고 가야 했다. 건강 문제로 잠시 일을 쉬고 있는 둘째가 전날 일찍 D.C.에서 내려와 엄마를 위해 오는 날부터 가는 날까지 한 주 내내 운전을 담당해 준다니 고맙기도 하고 마음이 무척 편안했다.

딸네 집으로 가는 동안 얼마나 수다에 정신이 팔렸는지 두 개의 고속도로가 갈라지는 곳에서 길을 잘못 들어 반대 방향으로 한참을 가다가 샛길을 통해 돌아와야만 했다. 시간이 많이 늦어져 집에 도착하니 사위는 겨우 인사만 하고 내 짐을 내려주고는 직장으로 가 버렸고, 반가이 달려 나와 안기는 손녀와 함께 세 여자의 수다는 계속되었다. 손녀가 태어날 때 산모 수발을 위해 몇 주 함께 하고는 처음 보는 할머니인데도 낯을 가리지 않고 친근해 하는 손녀가 무척이나 기특했다. 그동안 많은 사진을 주고받고 화상 통화로 대화를 했던 것이 큰 효과를 본 것 같다. 얼마 후, '거의 다 왔다'면서 어디에 있느냐는 아들의 전화를 받았다. 금요일에 오는 걸로 알았는데 계획이 바뀌어 오늘 왔다가 금요일 오후나 늦어도 토요일 아침에는 가야 한다고 한다. 사실 아들은 시간을 내지 못할 것이라고 생각해 조금 아쉬웠는데 며칠이라도 시간을 낼 수 있어 정말 기뻤다. 가족들이 모일 때마다 한 명은 빠져서 이렇게 다 모인 것은 셋째가 대학을 졸업하던 사 년 전이었다. '금요일까지 일하고 밤늦게 도착하는 셋째를 만나 함께 사진을 찍자'고 토요일까지 꼭 있어달라고 아들에게 부탁을 했다. 저녁 식사를 간단하게 남부식 돼지 바베큐를 사다가 먹고 모두가 고대하는 엄마표 한국 음식은 내일 한국 가게에 다녀온 후에 만들기로 약속하고 잠자리에 들었다.

다음 날 아침, 모두들 피곤하였던지 늦잠을 잔다. 혼자서 늘 하던 대로 기도와 성경 말씀으로 하루를 준비하고 책을 보고 있으려니 하나둘씩 일어나 커피를 내리고 토스트와 달걀을 굽고 아침 식사 준비로 부산을 떤다. 나는 이번 주 내내 오전 금식을 계획했던 터라 물 외에는 아무것도 필요 없다고 했다. 내가 사는 동네와 마찬가지로 여기도 한국가게에 한번 다녀오려면 왕복 네 시간에, 점심을 먹거나 쇼핑을 하고 돌아오면 하루가 다 가는 그런 촌이다. 모두들 준비를 마치고 아들의 차를 타고 한국 가게가 있는 애틀란타를 향해 달리는데 얼마를 못 가서 엔진 과열이라는 경고등에 빨간 불이 들어왔다. 근처에 차를 주차하고 한참을 기다렸다가 냉각수를 보충하고는 괜찮겠다 싶어서 다시 가는데 여전히 엔진에 문제가 있는 것 같아 할 수 없이 차를 되돌렸다.

오늘 쇼핑은 고사하고 이틀 후 다시 D.C.까지 열 시간을 운전해 돌아가려면 차를 정비소에서 확인해봐야 할 것 같아서이다. 집으로 돌아와 아들은 근처 정비소에 가고 우리 셋과 손녀는 둘째의 차로 다시 쇼핑 길을 떠났다. 한 시간 거리에 작은 한국가게가 있지만, 한인타운에 새로 생긴 큰 H마트를 막내가 보여주고 싶다고 해서 그곳에 도착해 점심 식사를 한식으로 먹고, 아이들이 먹고 싶었던 음식의 재료들과 떡, 과자 그리고 우리 동네에선 보지 못했던 소주까지 몇 병 사서 자동차 트렁크를 채운 후 집으로 돌아오니 벌써 늦은 오후다.

자장면에 만두와 탕수육을 기억하고 김치전, 호박전, 해물파전을 말하며 입맛을 다시는 아이들. 생선구이를 좋아하는 아들과 막내를 위해 간고등어도 굽고 멸치도 볶고, 물론 불고기와 잡채는 기본이다. 기본 반찬인 김과 김치 깍두기는 간편하게 만들어 놓은 것을 사다가 해결했다. 부침 가루에 김치와 돼지고기를 넣어 넉넉하게 부쳐서 한 김 식힌 후 밀봉해서 냉동고에 저장하고 호박전을 야채튀김처럼 바삭하게 튀겨 양념장에 찍어 먹으니 수북한 한 접시가 금방 바닥을 보인다. 자장면 소스도 한 냄비 가득 만들어 오늘 국수에 비벼 먹고 남은 소스는 밀폐용기에 담아 냉장 보관. 자정이 되도록 이야기꽃을 피우며 카드 게임도 배우며 먹고 남은 음식들을 용기에 담아 냉장고에 가득 채우니 한동안 한식이 그립지 않겠다고 막내가 무척 좋아한다.

아들의 자동차는 정비소 직원 말이 "손 보아야 할 다른 차들이 많아 오늘 안으로는 어렵다"고 해서 그냥 돌아왔다며 내일은 일찍 차를 봐주기로 했다고 한다. 차 때문에 걱정을 많이 하는 아들에게 "엄마가 믿는 데가 있으니 걱정말라"고 했다. 이번 여행을 계획하며 한 달 전부터 기도하고 보살핌을 부탁했는데 설마하니 우리 하나님이 그 정도도 안 봐주실까. 긴 하루, 지친 부엌일로 몸은 피곤했지만 잘 먹는 아이들을 보며 뿌듯한 마음으로 둘째 날을 마무리했다.

셋째가 오는 금요일 아침, 아들은 일어나자마자 차를 끌고 정비소로 갔고, 나는 다시 한 번 기도로 하나님께 도우심을 부탁했다. 늦잠꾸러기 아이들이 하나 둘 일어나고 제 엄마처럼 입이 짧은 손녀를 달래 아침을 먹인 후 장난감으로 놀아도 주고, 뒹굴뒹굴 침대에서 함께 책을 읽기도 하고 손녀의 겉옷을 챙겨 입히고 밖에 나가 산책도 하며 여유로운 시간을 보냈다. 겨우내 추위와 눈더미에 갇혀 살아야 하는 우리 동네와는 다르게 남동부인 애틀란타는 12월인데도 낮이면 제법 푸근해 겉옷이 거추장스러울 정도였다.

오후에 아들이 돌아와 큰 문제없이 차를 고쳤다며 정비소 주인이 막내와의 친분으로 돈도 안 받더라면서 고마워한다.

어제 먹고 남은 한식으로 늦은 점심을 챙겨 먹은 아들은 십여 년 전 다니던 교회의 청소년부 전도사와 잠깐 만남을 갖고 나서 공항에 도착하는 셋째를 데려오겠노라며 떠났다. 지금은 신앙생활을 하지 않으면서도 전에 다니던 교회의 전도사와 계속 연락하며 만나러 가는 아들이 조금 신기하기도 했다.

사람은 친구를 닮아간다고 했으니 좋은 영향을 받아 다시 주님 품으로 돌아오기를 기대해본다. 비행기가 연착되어 자정에나 도착한다며 기다리지 말고 자라는 딸의 문자를 받고, 공항에 도착해 기다리고 있다는 아들의 문자도 받고 자려고 누웠는데 잠이 오지 않는다. 두 시가 넘어서 도착한 아이들의 밤참을 챙겨주고서야 겨우 잠이 들었다. 어디를 가나 자식을 챙기는 엄마의 마음은 다 같을 거라는 생각이 든다.

토요일 아침, 피곤할 텐데도 아들은 이른 시간에 가방을 싸며 길 떠날 채비를 한다. 돌아가는 길에 한 군데 더 들러 친구를 만나고 올라갈 예정이라며 서두르는 아들을, 다 함께 사진이라도 찍고 가라고 붙잡고 딸아이들을 재촉해 마당가에서 몇 장 찍었다. 아쉬운 마음이야 말로 다할 수 없지만 볼 수 없으리라 생각했는데 이렇게 며칠이라도 함께 할 수 있어 너무나 행복했다. 짐이 될까 봐 사지 못한 선물은 성탄카드에 백화점 카드와 현금을 넣어, 가는 길에 기름 값을 하라고 아들 손에 쥐어 보냈다.

여자들만 남은 우리는 햇살 가득한 근처의 포도밭에 몰려가서 여러 가지 와인을 맛보고, 야외에서 연주하는 컨트리 음악도 감상하며 따뜻한 햇볕을 느끼는 즐거운 시간을 만들었다. 귀가 후에는 손녀와 집 안에서 술래잡기도 하고 TV도 보고 새로운 카드 게임도 배우고, 가까운 호텔 수영장에서 손녀와 딸들이 물놀이하는데 사진사 노릇을 하기도 했다. 일요일에는 오후까지 모두 함께 몰려다니며 쇼핑도 하고 놀이터에서 손녀와 그네도 타고 미끄럼도 타고… 시간은 쏜살처럼 흐르고, 섭섭해도 아쉬워도 가야 할 사람은 가야지.

남편과 직장이 기다리는 셋째를 공항에 데려다 주고 돌아오는 차 안은 모두들 조용하다. 분위기를 바꾸는 의미에서 손녀를 딸 친구 집에 맡기고 사위까지 함께 영화관에 갔다. 음식점 지배인으로 일하는 사위는 연장근무하는 시간이 많아 함께 할 시간이 거의 없었기 때문이다.

몇십 년 만에 다시 보는 영화(엑소더스—대탈출)는 예전과는 다른 방향으로 찍어서 그런지 예전보다 감동이 덜 한 것 같다. 마지막 하루는 어찌 보냈는지 기억도 잘 나지 않는다. 정말 하루하루가 정신없이 지나간 것 같다.

둘째가 운전하는 기어 자동차를 넷째가 배워 보겠다고 해서 한나절 학교의 빈 주차장에서 연습하는 걸 보며, 손녀와 함께 영화(메리포핀스)에서 한 것처럼 색분필로 바닥에 그림을 그리며 시간을 보냈다. 넷째가 접촉사고로 차를 망가뜨린 후 아빠 트럭을 임시로 쓰고 있는데 여러 가지로 불편하다고 하소연을 한다. 제 차가 고쳐지기까지는 어쩔 수 없는 노릇이겠지.

일상적인 이야기가 길어졌지만, 나에게는 매 순간순간이 기쁨이고 행복이었다. 특별하지 않아도 정이 있기에 소소한 가운데서 행복을 느끼는, 그것이 바로 가족사랑이겠지. 이렇게 오랜만에 모이지 말고 내년에는 엄마 집으로 모이자고 다짐을 하고 행복한 나들이의 마침표를 찍었다.

아침 일찍 공항으로 떠나는 나와 둘째를 잠옷 바람으로 배웅하는 막내와 사위, 행복하게 잘 살라고 꼬옥 안아주고 잠자는 손녀의 볼에 뽀뽀해주고 길을 나섰다. 교통 체증으로 유명한 애틀란타 시내도 무사히 통과하고 제시간에 무사히 공항에 도착했다. 둘째에게 돌아가는 길에 운전 조심하고 D.C.에 도착하면 꼭 전화하라고 당부하고 나도 집을 향해 비행기에 올랐다.

한국은 폭설과 추위로 꽁꽁 얼었다는 소식이지만 따뜻한 가족의 사랑을 느낀 나는 이 겨울이 조금도 춥지 않을 것 같다. 갑오년도 저무는 12

월 마지막 주, 울 님들 모두 평안하고 행복하길 빌며 넘치는 나의 행복을 골고루 나누어 주고 싶다.

사랑하면 기부하세요

잘난 체하고 자랑하려고 기부하는 게 아니랍니다. 사랑하기에 자연스럽게 기부를 하는 거지요. 십이월 성탄 기간이 되면 늘 나타나는 빨간 냄비와 맑은 종소리가 우리 마음을 재촉하지요. 한 해 동안 바쁘게 일하며 살다가, 연말이 되고 한해를 돌아보면서 어려운 이웃을 기억하고 사랑을 나누는 아름다운 마음 말이에요. 어떤 사람은 여유가 있어 해마다 많은 돈을 기부하기도 합니다.

우리가 알고 있는 미국의 기업인 빌 게이츠는, "제가 사회로부터 얻은 재산을 다시금 사회에 돌려주는 것"이라고 말하며 기부를 실천하고 있지요. 그러나 사실 원래 기부 운동은 철강왕 앤드루 카네기가 시작해 록펠러나 포드 등 여러 부자들이 제단을 설립하고 부의 사회환원을 위해 활동을 했답니다. 굳이 미국이 아니어도 우리 옛 조상 중에도 경주 최 부자 가문이나 독립 자금을 위해 모금을 했던 옛 어른들, 또 기업인 유일한을 기억할 수 있지요. 그러나 먹고 살기 빠듯한 현대인들에겐 남의 집 이야기가 될 수도 있지요. 자, 이제 돈이 아니더라도 사랑한다면 나눌 수 있는 기부들을 생각해 볼까요? 요즘은 재능기부가 유행이어서 남이 할 수 없는 기술을 지닌 사람들이 모여서 몸으로 봉사도 하고 저소득 가정이나 다문화 가정 등 필요한 곳을 찾아 기부하더군요. 저도 예전에 양로원을 찾아가 목욕도 도와드리고 빨래도 해 드리고 또 무허가 작은 시설에 도배 작업을 해 드린 적도 있었답니다. 물론 빨간 냄비를 볼 때마다 지갑을 열었지요.

그런데 아주 색다른 기부를 할 기회가 있었습니다.

지난달, 간만에 미장원에 다녀왔습니다. 작년에 한국에 갔을 때 고향의 버스터미널 앞에 있는 미장원에 갔다온 지 일 년이 넘었지요. 그동안 지저분하게 자란 머리를 정리하고 삐죽삐죽 보이는 흰머리를 핑계로 사두었던 고운 와인색 염색약을 한번 써 볼 생각이었습니다. 마침 자주 가는 동네 마트 옆 미장원에 연말 특별 할인을 한다는 광고가 붙어 있었습니다. 미장원에 들어가 조금 기다리니 쌤 이라는 미용사가 따라 오라며 안쪽 거울 앞자리 중 하나로 안내를 해주었습니다. 그녀가 어떤 스타일을 원하느냐고 묻기에 대충 어깨에 닿을 정도로 자르라고 했더니 머리카락 기부를 하겠느냐고 물었습니다. 전에도 가끔 긴 머리를 자르곤 했었는데 한 번도 기부에 대해 들어 본 적이 없었기에 조금 놀랐습니다. 머리카락이 어디에 쓰이느냐고 물었더니 소아암 환자들의 가발을 만드는 데 쓴다고 하더군요. 만약에 내 손녀에게 이런 일이 생긴다면 어떨까 하는 생각을 잠깐 해 보았습니다. 어차피 잘라버릴 건데 좋은 일에 쓰인다면 다행이다 생각하고 그러자고 했습니다. 그녀는 머리카락을 재보더니 조금 짧아 안 되겠다고 하기에 나는 어차피 두면 자라는 머리카락이니 더 짧게 잘라도 괜찮다고 필요한 길이로 자르라고 했습니다. 그녀는 내 머리카락을 네 등분으로 갈라 고무줄로 묶고 싹둑싹둑 잘라 거울 앞에 놓았습니다. 오래간만에 학창시절처럼 단발머리를 하니 비록 세월이 흘러 얼굴은 변했어도 산뜻하고 기분이 좋아졌습니다. 머리 손질을 다 마치고 얼마냐고 물었더니 기부한 사람은 무료라며 오히려 다음번에 쓰라면서 할인권까지 주더군요. 개운하게 머리 손질을 하고 또한 지갑을 열지 않아도 되니 이보다 더 좋을 수 있을까요. 이래저래 기분이 좋아 오히려 팁을 두둑하게 주었답니다.

제 생각에는 작은 친절이나 부드러운 미소도 기부가 될 수 있다고 생각합니다. 거동이 불편한 사람을 위해 문을 열어주고 짐을 들어주는 것도 아름다운 기부가 될 수 있고, 밝은 얼굴로 미소지으며 인사를 건네는 작은 일도 어떤 사람에게는 새 힘이 되는 불꽃이 될 수 있지요. '없는 살림에 기부할 여력이 없다'고 생각마시고 아주 작은 것이라도 실천해 보세요.

돈이 아니어도 자원하는 마음과 사랑하는 마음만 있으면 가능한 기부가 참 많다는 걸 알면서도 실행에 옮기지 않는다면 그건 스스로 크게 손해를 보는 삶이 될 거예요. 주는 자가 받는 자보다 복이 있다는 말을 실천해보지 않은 사람은 알 수가 없거든요. 우리 모두 복을 받기 위해서라도 지금 내가 무엇을 기부할 수 있을지 생각해보고 해가 바뀌기 전에 실천하는 우리 모두가 되길 바랍니다.

❖ 백규현

일상

과거에 비해 요즈음은 게을러진 편이다. 우선은 몸뚱이가 쑤시고 아프니 그럴 수밖에 없다고 합리화시켜버린다. 이러한 괴로움을 한 친구가 병원에 가서 하소연하니 의사의 말씀 "그만큼 몸을 썼으니 고장 나고 망가진 것은 당연하니 받아들이고 살라" 했단다. 그렇다 치더라도 몸이 아프니 괴로움을 안고 살기는 육체적, 정신적으로 삶을 힘들게 한다. 그래서 건강을 챙긴다는 이유로 자주 공원의 산을 오르곤 한다. 언제인가 헬스클럽을 조금 다닌 적이 있었는데 워킹머신을 할 때면 다람쥐가 쳇바퀴를 돌리는 것 같은 기분에 중단을 했다. 그리고는 버릇처럼 공원을 오르는데 눈여겨보면 젊은이들은 그리 눈에 띄지 않고 노인들이 대부분이다. 가끔은 술과 음료수 병, 휴지가 눈에 거슬리기도 하지만 한편으로는 아무런 보수도 없이 꽃을 가꾸고 정리를 하는 이도 있다. 아마도 그래서 세상은 돌아갈 수 있는 모양이다.

오르내리는 계단 옆으로 어느새 새싹들이 움트리를 하고 있음은 봄을 알려주는 신호이기도 하고, 어느 초로의 노인이 지주를 해 준 꽃나무에서도 어김없이 꽃은 핀다. 능선을 오르면 아침 태양이 눈부시게 떠오른다. 도심 속에서는 쉽사리 접할 수 없더니 지루한 한겨울을 지나고 난

1947년 출생
대한사이버문학 6~23호까지 표지 화백
대한민국미술대전 4회 입상
구상전 장려상수상 기타공모전 다수 수상
단원미술대전, 경인미술대전, 전통미술대전 초대작가
현) 부천미협한국화분과장 부천한국화협회장

그 빛은 더욱 빛나는 듯하다. 현실은 모든 것이 힘든 일상으로 알고 있다. 우리 모두는 힘찬 태양처럼 희망과 용기가 함께 하는 나날이 되어야 겠다.

우리 부부에게 갑자기 생활의 변화가 생겼다. 훈훈한 봄내음이 향기를 내뿜는 요즈음 아침 나절, 생소한 손주 녀석을 데려다 주느라 바쁜 사이 김선생님으로부터 전화가 왔다. 다른 때 같으면 내가 먼저 안부를 묻거나 했는데 소식이 없으니 먼저 하신 모양이다. 나보다 6년 연배이기는 하나 10년 지기를 친구라 했던가, 이제는 노년을 같이하는 처지가 된 느낌이다. 일류 대학을 나와 대기업 경영의 일선에서 재산도 모으며 괜찮게 잘나가던 사람이 가족의 더한 욕심과 실수로 모든 것을 잃게 되었다. 그는 화려한 경력만큼이나 더욱 퇴색된 느낌이다. 아무리 많은 재산이 있으면 무슨 소용이 있으랴, 그를 대하면 더욱 인생무상이 느껴진다.

밖에는 비가 온다. 감질나게 내리는 빗방울은 대지를 적셔주기에는 너무 부족하다. 펑펑 내려 온 대지를 흡족하게 적셔주고, 우리의 마음도 적셔주기를 기원한다.

산다는 것은 도를 닦는 것이다. 아랫집 노인의 아내는 여느 집 아낙네 이상으로 잔소리가 많아 보인다. 나는 집사람의 잔소리를 참고 견디지만, 자존심을 건드리는 언행에는 참는데 한계를 드러내고 마는데 그 노인은 어떻게 대처를 하는가 물으니 머릿속에 참을 인忍자 세 개는 항상 넣고 산다고 한다. 나는 가끔 불평, 불만으로 살아가는 대부분의 주부들을 보면 왜 그리 싫은 결혼을 하여 스트레스를 받고 사는지 이해가 안 간다. 대개의 여인들이 불평으로 살아간다는 것은 내 편견일까? 화면 속에 알콩달콩 살아가는 노부부의 장면이 나오면 평생을 저렇게 살았을까 하는 의구심을 갖게 된다. 남녀를 불문하고 이러한 불평등을 참고 견디며 사는 것이 행복을 위한 지름길이요 도道에 이르는 길임을 명심해야 할 일이다.

주위에 나이가 지긋한 노인 한 분이 타계하셨다. 평소에 붓글씨와 다도, 불심에 심취하시어 몸도 마음도 올곧게 지내온 분으로 여러 명의 제자도 거닐었던 분이었다. 여인으로, 홀몸으로, 불심의 힘으로 살아 오셨던 분이다. 그분이 운명하신 후 소유하고 있던 많은 유품들을 정리하는 일도 보통이 아니었으리라 생각이 든다. 이런저런 경로로 그분이 사용하시던 물건 중에 지필묵이 내게로 왔다. 예술에 깊은 자부심으로 살아 오신 분의 물품이기에 더없이 소중하다. 허허로운 생각과 함께 예술이란 살아서 행하는 하나의 종교 역할인 듯 생각한다. 이렇게 살아서 소유한 물건들이 죽음과 함께 사라진다니 허무한 생각이 앞선다. 무소유를 설파하고 입적하신 법정스님이나 자신의 죽음 앞에 생전의 자신의 작품을 다시 모아 불사르고 떠났다는 일화 등을 노인이 운명하고 나서 더욱 실감하게 됐다.

나는 다른 집 가장에 비해 너무 능력이 떨어진다. 남들처럼 힘이 좋고, 건강한 것도 아니요. 돈 잘 버는 능력이 뛰어나 아내를 흡족히 해 주는 것도 아니요, 처자식에게 살갑게 대해주는 것도 아니요, 그저 물에 술을 타 넣은듯 물도 아니오 술도 아닌 것이다. 그저 남에게 욕 안 먹고 살 정도의 삶을 살아 왔으니… 오락을 좋아하지 아니하니 화투, 당구, 장기, 바둑 등에 빠져 본 적 없이 그림에만 매달려 취미로 삼아왔다. 그런데 이 그림 작업이 휴식의 장이 되어야함에도 불구하고, 스트레스의 원인이 될 때도 있으니 왜 이 작업을 하고 지내는지 알 길이 없다. 누구는 인생을 굵게 먹고 짧게 산다지만 성격상으로 적게 먹고 적게 싸는 수밖에 없다. 그러나 주위에 사는 사람들을 보면 다 잘 사는 것 같아도 대충 그렇게 살고 있는 데서 위로를 받는다. 삶이란 생각 그 이상도 이하도 아닌 만큼 많은 철학자들이 논했다. 인생에는 정답이 없다고…

❖ 서병달

DNR과 AMD

심폐소생술 포기 각서(DNR)환자가 늘어나고 있다. 소생 가능성이 희박한 상황에서 자연스러운 죽음을 원하는 사람은 심폐소생술 포기를 요청할 수 있다. 그리고 이와 유사한 사전의료의향서(AMD)란 것이 있다. 이 두 가지의 차이점은, 심폐소생술 포기 각서(DNR)는 아픈 상태에서 소생 가능성이 희박하여 더 이상의 치료는 바람직하지 않을 때 환자 본인과 가족이 요청할 수 있다. 사전의료의향서(AMD)는 건강한 상태에서 본인이 작성한다. 아파서 죽음에 임박하였을 때, 어떤 치료는 하고 어떤 치료는 하지 말아달라고 의사에게 미리 밝혀 놓는 서류를 말한다. 둘 다 인위적인 생명연장을 원하지 않으며 자연스러운 죽음을 원한다는 점에서는 같다. 우리나라에서는 아직 사전의사결정제도事前意思決定制度가 도입되지 않아 환자 자신과 그 가족에게서만 심폐소생술 포기 각서(DNR)를 받고 있다.

현대는 각종 암과 희귀병 등 악성 질환이 현대 의술을 비웃듯이 활개치고 있다. 산업화와 의약의 발달로 평균수명이 늘어나는 만큼 질병에 대한 공포심도 커지고 있다. 그 공포심은 천문학적인 액수의 시장을 가진 건강과 관계있는 사업들을 번성케 하고 있으며 이를 이용하는 사람

《대한문학세계》 시 부문 신인상
팔도문학, 대한사이버문학 동인
밀양문인협회 회원
smupil@hanmail.net

이 갈수록 늘어나고 있다. 기본적으로 건강을 지탱해주는 원동력인 주식主食 외에 각종 먹거리와 건강보조식품, 여러 가지 운동과 운동기구 그리고 아웃도어에 적지 않은 비용을 기꺼이 지불한다.

보험연구원이 발표한 '민영간병보험의 발전방향' 보고서의 연구 결과에 따르면 지난 2010년 기준 국내 평균수명은 79.6세, 건강수명은 70.3세다. 즉, 한국인의 평균수명은 79.6세이고 70.3세부터는 한 가지 이상의 질병을 안고 살아간다는 의미라고 한다. 보건복지부의 2011년도 노인실태조사에 따르면 국내 65세 이상 노인의 88.5%가 만성질환을 가지고 있으며 질환 보유 숫자는 평균 2.5개로 나타나고 있다. 나이가 들면 생리적인 기능의 퇴화와 질병에 대한 면역력의 저하로 알게 모르게 질병이 쉽게 찾아든다. 돈은 수명을 어느 정도는 담보해 줄 수 있어 경제적으로 여유가 있는 사람은 한계 수명을 인위적으로 다소 늘릴 수 있다. 지금은 복지제도의 발달로 못 가진 사람도 인위적으로 한계 수명을 늘리고 있는데, 따라서 복지 재정의 확충으로 국가경제에 큰 부담으로 작용하고 있기도 하다.

하지만, 인위적으로 늘어난 한계 수명과 그로 인하여 얻게 되는 삶의 질을 생각해보지 않을 수 없다. 돈으로 한계 수명을 늘렸다 치자. 감기 등 가벼운 병이라면 몰라도, 중증에 시달리는 사람이 인간다운 여생을 보내기는 어렵다. 따라서 돈으로 늘린 한계수명 상태에서 수명만 좀 늘어나는 것이 삶에 어떤 의미가 있을 것인가를 생각해보지 않을 수 없는 것이다.

사람은 건강하든 안하든, 잘살았든 못살았든, 갈 곳으로 가야 하고 누구도 가야할 곳 앞에서 자유로울 수도 없다. 오는 것은 예측이 가능한 순서대로 오지만, 가는 데는 유전과 환경적 요인과 영향 등으로 예측이 불가능하여 순서대로 가지도 못한다.

죽음에 대한 심리적인 유비무환이 필요하다. 갑자기 죽음과 맞닥뜨려서 분노하고 좌절하면서 영혼을 피폐케 할 것이 아니라, 언제라도 떠날 수 있는 마음의 자세가 되어있어야 하겠다. 아울러 지갑 속에는 신분증과 카드 외에 심폐소생술 포기 각서(DNR) 또는 사전의료의향서(AMD) 한 장을 꼬깃 접어서 가지고 다녀야 할 것 같다.

❖ 서부련

법대로 합시다!

— 청렴清廉으로 코팅된 오만傲慢!

물이 흔할 때는 물을 의식하지 않고, 공기가 희박할 때는 산소를 애타게 찾습니다. 작금昨今에 있어서 "청렴清廉"이 화두話頭가 되어 인구人口에 회자回刺되고 있음은 고무적인 일인지 우려할 일인지 헷갈립니다. 너무 심각하게 생각하지 말고, 우선 우스갯소리로 말문을 열까 합니다.

옛날 어느 고을에 난봉꾼 한 놈이 있었는데, 얼마나 난잡한지 동네의 여자란 여자는 모두 건드리고 다녔답니다(재주도 좋지~! *^.^*). 보다 못한 마을 사람들이 관아에 고해 바쳐 기어이 잡혀 들어갔는데, 모든 이야기를 들은 원님이 명하길,

"다시는 나쁜 짓을 못하게 거시기를 잘라 버려라!"

그러자 난봉꾼의 아버지가 나서며 말하기를,

"그래도 제 아들이 4대 독자인데, 대는 이어야 하지 않겠습니까? 대신 제 거시기를 자르도록 해주십시오."

원님이 가만히 생각해보니, 그것도 형벌의 효과가 있을 것 같았습니다.

"그럼, 아비의 거시기를 잘라 버려라!"

이번엔 난봉꾼의 어미가 가만히 들으니, 황당하기 그지없었습니다. 앞으로 무슨 재미로 살란 말인가?

1948년 인천 출생, 고교 영어교사 역임
특별법인 한국해운조합 봉직, (주)HL해운 상무이사 역임
현) 중국 (주)청도MK통상 대표이사
한국문인협회 회원, 21C 한국시인회 이사, 대한사이버문학 동인
동인시집『마음 열고 숲에 서리라』『들풀 소리』
『제 몫을 다한 화음』 발간
buryun@hanmail.net, 010-7105-6096

"원님, 법대로 해주십시오!" (계모가 분명해!)

그러자 이번엔 다급해진 며느리가 나서며 말하길,

"어머님! 남정네들 하는 일에 우리 여자들은 빠지시죠!"

(법대로 하다간 지 서방 거시기가 잘릴 판이니~)

흔히 하는 말로, "법대로 합시다!"란 말이 있습니다. "법대로 하자"는 말은, 대체로 법대로 해도 거리낄 것 없는 당당한 사람들이 많이 쓰는 말입니다. 하지만 다른 부류의 사람들도 법대로 하자는 사람들이 있습니다. 어찌나 능력이 좋은지 법까지 제 마음대로 주물럭거릴 수 있다고 믿는 사람들이지요. "법대로 하자!"란 말은, 어찌 들으면 청렴결백한 사람들의 전매특허 같지만 정이 많은 한국적인 사회에선 너무나 비정하고도 가혹한 말입니다.

그렇다면 "법대로 한다"는 것은 무엇을 의미할까요? 우리는 법률적 승리자가 항상 정의의 편에 선 사람이 아니라는 경험을 가지고 있습니다. 그래서 청렴의 대명사 격인 "법대로 한다"는 것은 오히려 정의롭지 못한 처사로 소신 없는 관리들의 상투 수단으로 남용되기도 합니다.

역사적으로도, 을사 5적의 후손들은 해외 유학에, 물려받은 재산에 지금도 고관대작으로 떵떵거리고 사는데, 당시 가족은 나 몰라라 하며 오직 나라를 찾기 위해 목숨을 바친 독립투사들의 후손들은, 물려받은 재산은 커녕 끼니도 간데없이 거리를 떠돌다가 배우지 못한 팔자소관으로 지금도 역시 거리를 헤매고 있는 게 현실입니다. 그러나 그 을사 5적들이 후손들에게 물려 준 땅덩어리를, 이제는 당당하게 국가를 상대로 소송을 거니… 법적으로 후손들의 손을 들어주었답니다.

정말로, "법대로 한 결과"랍니다. 어찌~ 세상에 이런 통탄스러운 일이! (이럴 때 통용되는 말이, 뇌물의 심증은 있어도 물증이 없다!) 이런 융통성 없는 법관! 아니 너무 융통성이 과한 법관의 청렴한 소신은 나무랄 데가 없습니다.

"법대로 했는데~ 어느 놈이 나를 건드려!"

예전에 어느 관공서에서 상관이 얼마나 소신이 없던지, 참다 참다 분통이 터진 부하 직원인 주사 왈, "서기나 할 주제가 줄을 잘 서 서기관으로 있으니, 이 나라가 어찌 되겠느냐!"고 일갈한 실화가 있었습니다.

청렴한 것과 소신 없이 "법대로"만 일을 처리하는 것은 다릅니다. "법"이라는 것은 인간 양심의 최후의 "마지노선"이어야 합니다. "법대로", 또는 "고시나 규칙" 대로만 일을 처리 할 바엔, 공무원은 "서기"나 "주사"들만 있어도 됩니다. 아니, 과장이나 청장이나 국장이 없으면 일은 더 잘 처리될 것입니다. 얼마나 많은 민원인들이 그 융통성 없는 "법대로"에 낭패를 당하는지를 미리 헤아려 일을 처리할 때에 진정한 청렴의 향기가 풍길 것입니다.

다 아시다시피, 공무원을 일명 공복公僕이라고 합니다. 영어로는 "Public Servant" 인데, 이 역시 국민의 종僕이라는 뜻입니다. 간단히 말해서, 종이 주인을 무시하면 그 집안은 망조가 든 것이고, 공무원이 국민(민원인)을 무시하면 그 나라는 기울기 시작하는 것입니다!

예전에는 "국민의 종노릇"을 하기 위해 5급 공무원 학원을 기웃거렸습니다. 그 때, 흔히 자조적인 말투로 "공무원이라도 해 볼까?" 하며. 요즘은 학원 명칭도 9급 공무원 고시학원으로, "고시"가 추가되었습니다. 이젠, 공무원이 되기 위해선 그야말로 고시를 패스하지 않으면 어림도 없습니다.

정말로 공무원으로서의 긍지를 가질 만합니다. 아니, 공무원으로서의 긍지를 가져야 합니다! "~라도 공무원" 보다는, 고시를 통과한 공무원들이 나라 살림을 할 때에 그 나라는 비전이 있고, 희망이 있습니다.

"공무원이라도 해볼까?"에서 "공무원씩이나!"로 공무원의 위상이 향상되어 국민들의 시선이 달라진다면, "청렴"이란 어휘를 거론하는 자체가 공무원의 수치가 될 것입니다. "참으로 청렴함에는 청렴하다는 이름조차 없으니, 그런 이름을 얻으려는 것부터가 바로 그 이름만을 탐욕함이라. 참으로 큰 재주가 있는 사람은 별스러운 재주를 쓰지 않으니 교묘한 재주를 부리는 사람은 곧 졸렬함이라."(채근담)

부불3대富不三代, 권불십년權不十年이란 말이 있듯이, 부와 권력은 고금을 통해서 오래도록 유지해 나가기가 어려운 법입니다.

우리나라 역사상 수많은 왕후장상들이 거쳐 갔어도, 많은 사람들이 오직 청백리의 표상인 "황희 정승"만큼은 잘 기억하고 있습니다. 청백리 황희 정승의 일화에 다음과 같은 이야기가 있습니다.

어느 날 밤 남모르게 하급 관리 한 사람이 집으로 찾아와 뇌물을 바치며 승진을 청탁하자, 황희 정승이 말하기를, "이렇게 보는 사람이 많은데 뇌물을 받을 수 있겠소?" 하며 거절했습니다. 그러자, 그 하급 관리가 말하기를 "대감과 저 외에는 아무도 없는데 또 누가 있어 본단 말입니까? 우리 말고는 아무도 모릅니다!" 라고 했습니다.

그 때, 황희 정승 왈, "그대와 나 또 하늘과 땅이 보았으니, 나도 알고 자네도 알고 하늘도 알고 땅도 알지 않소?" 했다고 합니다.

여기에서 사지四知라는 말이 생겨났습니다.

(四知=天知 地知 汝知 我知: 하늘이 알고 땅이 알고 너 알고 내 알고!)

현제수훈왈玄帝垂訓曰, 인간사어人間私語라도 천청天聽은 약뢰若雷하고 암실기심暗室欺心이라도 신목神目은 여전如電이니라. (현제수훈에 말하기를, 사람 사이에 개인적으로 하는 은밀한 말이라도 하늘이 듣는 것은 천둥소리와 같고, 어두운 방에서 마음을 속이더라도 신神이 보는 것은 번개와 같이 분명하다.) 현제玄帝는 도가道家의 한 사람이나 자세한 내용은 알려지지 아니합니다. 수훈垂訓은 후세에 전하는 교훈을 뜻합니다.

또한, 우리나라 속담에도 "낮말은 새가 듣고, 밤 말은 쥐가 듣는다."는 말이 있듯이, 사람은 남이 보지 않고 듣지 않는 곳일수록 더욱 말과 행동을 조심해야 할 것입니다. "노자"의 도덕경 첫머리는, 도가도 비상도 명가명 비상명道可道非常道, 名可名非常名이란 말로 시작하고 있습니다. 즉 "도道를 도道라고 불러도 좋지만, 꼭 도道라고 해야만 하는 것은 아니다. 그 이름名을 도道라고 해도 좋겠지만, 항상 도道이어야 할 필요는 없다"는 말씀인데, 어떤 명칭名으로 어떤 것의 이름名을 삼을 수는 있지만名可名, 항상 그 이름名이라야 하는 것은 아니지 않은가非常名.

요즘은 일명 "모래시계 검사"로 이름을 빛내던 분이 "피의자" 신분으로 예전의 문지방을 넘나들고 있습니다. 청렴하면서도 능히 너그럽고, 총명하면서도 지나치게 살피지 않고, 강직하면서도 너무 법에만 얽매이지 않는 청백리가 간절한 세월입니다.

❖ 서혜원

존엄사

봄 실개천가에 연둣빛 머리를 푸는 수양버들, 흐드러지게 피어나는 봄꽃들, 짙푸르게 뻗어 오르는 여름 산의 성숙한 빛깔들, 푸른 바다, 겨울의 하얀 눈꽃 등등. 이 아름다운 자연을 죽음으로 다시 볼 수 없다고 생각하면 왠지 억울하고 화가 난다. 내가 떠난 후에도 변함없이 이곳을 지키고 있을 자연에게 터무니없는 질투심마저 생긴다. 하지만 한편 늙고 병들어 자유롭게 움직일 수 없는데 정신만 살아있다면 그 삶이 얼마나 고통스럽고 지루할 것인가. 죽음이라는 것이 없으면 이 지루한 삶을 어떻게 끝낼 것인가. 때론 죽음이 희망이 될 수도 있겠다는 생각을 한다. 더욱이 고령화 시대에 늘어난 수명만큼 일을 해야 먹고 살 수 있는 가난한 노년을 생각하면 '죽지 못해 산다' 라는 말을 절감할 수밖에 없다.

몇 해 전 세상을 뜨신 친정어머니는 골절로 자리에 누워 돌아가실 때까지 움직이지 못하셨다. 병석에 누워 수년간 유동식으로만 식사를 하시던 어머니는 굳어가는 몸을 한번씩 뒤척일 때마다 "가는 게 왜 이렇게 힘이 드냐" 라는 말씀을 신음 속에 자주 흘리시곤 하였다. 어머니의 임종을 지켜본 동생은 짚불 사그라지듯 힘없이, 편안하게 눈을 감으셨다고 했다. 그러나 난 어머니가 편안하게 가셨다는 말을 믿지 않는다. 자

1951년 출생
《수필문학》 등단
《문학사랑》 제 10회 인터넷문학상 수상
한국수필가협회 회원, 문학사랑 문인협회 회원
군포문인협회 회원. 한국문인협회 회원
한밭소설가협회 회원. 대한사이버문학 설립자
cryingbird50@hanmail.net

연은 어머니에게 수년 동안 탈진 과정을 진행시키며 괴롭히다가 앙상한 뼈와 가죽만 남게 한 후 숨을 멎게 했다. '가는 게 왜 이렇게 힘이 드냐'는 곧 자연사의 고통을 한마디로 정리해주는 처절한 독백이었다.

우리는 모두 고통 없는 죽음을 맞이하기를 바란다. 하지만 죽음은 어떤 모양새로 다가올지 그 누구도 상상할 수 없는 추상적인 미래이다.

지난해 TV(KBS1)에서 스위스의 조력자살, 존엄사에 관한 다큐멘터리가 방영되었다. 안락사에 관한 기사는 자주 들어봤으나 조력자살이란 말은 생경했었지만 무척 충격적이었다. 누가 도와준다는 것인가.

"존엄사란 인간으로서 지녀야 할 최소한의 품위와 가치를 지키면서 죽을 수 있게 하는 행위, 최선의 의학적 치료를 다 했음에도 불가능한 사망의 단계에 이르렀을 때, 질병의 호전을 목적으로 하는 것이 아니라…"

인터넷에서 찾아본 존엄사의 관한 설명이다. 스위스의 조력자살 단체는 신청자들과 꾸준히 상담을 해, 그들에게 조력자의 도움이 정말 필요한지 거듭 확인을 한 후 결정을 한다고 하였다. 떠나는 날짜와 시간 등은 조력 자살을 원하는 사람이 선택한다. 그리고 약물을 건네주기 직전까지 결심에 변함이 없느냐는 확인 질문을 한 후, 약이 많이 쓸 것이라는 것과 복용 후 15분 후에 잠이 들 것이고, 잠이 든 후 그대로 떠나게 될 것이란 것을 말해 준다. 조력을 원하는 사람이 마음의 준비가 끝난 후 청하면 준비해 온 약물을 스스로 손을 내밀어 받아 마시게 한다. 배우자나 자녀들 중의 한명이 이 과정을 반드시 지켜봐야 한다고 한다. 아마도 가족은 이 의식이 진행되는 중에 억지나 무리가 없었음을 증언해 줄 증인인 것 같았다.

죽음은 신만이 결정한다고 믿고 있고, 자살을 죄악으로 여기는 기독교 나라의 국민들이 지금까지 신의 영역이라고 믿고 있었던 권한 위에 스스로 죽을 권리, 자신의 선택을 우선순위에 올려놓았다. 태어날 때는 신의 힘을 빌렸지만 떠날 때는 자신의 의지로 하겠다는, 자신에 대한 책임이 포함된 것이 아닐까 싶다.

조력자살 신청자들 중에는 젊은이들도 적지 않다고 하였다. 불의의 사고로 의지력을 상실했을 때 결정할 권리를 의뢰하는 것이다. 조력자살 신청자들의 환한 웃음이 카메라 영상에 잡힌다. 반드시 찾아올 죽음을 스스로 준비해 놓으려는 그들의 모습은 선진 국가 국민들의 책임 있는 또 하나의 모습이 아닐까 싶었다. 그리고 그런 생각을 갖고 있는 국민들의 진정성을 받아들여 법으로 제도화해준 국가도 앞서가는 모습처럼 보였다.

사실 자연의 순리 중에 가장 받아들이기 어려운 것이 죽음이 아닐까 생각한다. 엄격하게 말한다면 사람은 탄생과 함께 죽음을 향한 카운트다운이 시작된 것이라고 해야할 것이다. 멀게만 느껴졌던 죽음이 부쩍 가깝게 느껴지는 것은 하루가 다르게 떨어지는 기력 때문이다. 자연사의 과정이 내게도 일어나고 있음을 직감한다.

아무튼 태어난 사람은 모두 죽는다는 것, 누구나 다 알고 있다. 죽음을 진지하게 생각하고 그 허망함의 무게를 못 견딜 즈음이면 사람들은 종교에 귀의를 한다. 종교를 갖는 시기가 대체로 그 무렵인 것으로 보면 사람이 죽음을 얼마나 두려워하고 있는 가를 증명해주는 사례이다. 유럽 쪽 대부분이 기독교 문화로 자살을 금기하고 있을 것인데 아이러니컬하게도 스위스나 벨기에, 룩셈부르크 등의 몇몇 나라에서는 조력자살을 법으로 인정해 주고 있다. 법으로 인정하지 않는 나라의 사람들이 조력자살의 도움을 받으려 이 나라들을 찾고 있다. 우리나라에도 조력자살을 법으로 인정한다면 국민들의 반응은 어떨까. 물론 입법화하기 전 공청회에서 충분한 토론을 거쳐야 하겠지만, 노부모를 멀리 내다 버리고, 방치하고, 자식도 살해하는 일이 빈번한 우리 사회에서는 합법화된 제도를 어떤 방식으로든 악용하려들지도 모르겠다는 생각이 든다.

조력자살, 말 그대로 누군가의 도움 없이는 불가능하다. 하지만 조력자살을 원하는 사람을 위해 약품을 만들고, 들고 가 건네줘야 하는 사람들의 착잡한 심경을 헤아려본다. 자신의 존엄성을 지키기 위해 참으로 힘든 일을 누군가에게 하게 하는 건 역시 인간의 이기심 때문인지도 모르겠다.

어쨌거나 죽음의 약병을 들고 오는 조력자의 모습이 저승사자처럼 섬뜩하게 여겨지는 나는 아직은 조력자살을 청할 만큼 죽음의 철학을 갖고 있지 못한 듯하다.

울어줄 마지막 사랑

2015년 2월 7일, 76세인 오빠가 돌아가셨다. 오빠의 임종을 지켜본 동생이 전하는 말로는 연인이 떠 넣어 준 요플레가 기도를 막았다는 것이다. 하지만 오빠는 암세포가 전신에 퍼져 삼 개월을 넘기기 힘들겠다는 의사의 진단을 받아 놓고 있었다.

오빠는 우리 집안의 장남이며 종손이다. 어머니의 사랑은 말할 나위가 없고, 딸만 셋을 키워 첫손자를 얻은 외할머니의 사랑은 말 그대로 지극정성이었다. 우리들은 어르신들의 장남 사랑에 질투와 시기심을 안으로 삭히며 자랐다.

그런 오빠가 수십 년 전 가족의 곁을 떠났다. 부모님은 장남을 향한 안타까움과 그리움을 간직한 채 세상을 뜨셨다. 아들인 조카가 어렵사리 통화를 시도했을 때 오빠는 염체가 없다는 이유로 장례식에 참석하지 않았다. 부모님 곁, 가족의 곁을 떠났을 때 이미 불효는 시작되었겠지만 그래도 가시는 마지막 길은 지켜드리지 않을까 기대했던 형제들의 실망은 컸다. 어쨌든 오빠의 말대로 부모님이나 형제들 보기가 염체 없어서인지 오빠는 끝까지 부모님을 찾지 않았다. 형제들은 그런 오빠의 불효가 용서 되지 않았다. 그래서인지 오빠의 임종 소식은 멀리 지나가는 상여 속 낯선 자의 죽음처럼 멀게 느껴졌다.

가족을 버리고 나간 사람들의 말로가 늘 그래왔듯이 오빠는 늙고, 병들고, 돈(돈은 늘 없었지 싶다)까지 떨어지자 아들을 찾았다. 건강의 심각성을 깨달은 조카는 아버지를 병원으로 옮겨 정밀검사부터 받게 했다. 암 말기라는 진단이 나왔다. 누가 제일 보고 싶으냐고 물으니 오빠가 알지 못하는 사이 떠난 남동생과 여동생을 찾았다고 한다. 모두 떠난 지 오래 되었다고 하니 차 순위로 내 바로 위 언니를 찾았다. 우리 형제들은 부모님이 돌아가셨을 때 오빠에 대한 기억도 함께 떠나보냈다고 생각했었다. 진심으로 보고 싶지 않다고 말을 하면서도 마지막이 될지도 모른다는 생각에 오빠가 입원한 병원을 찾았다. 기억 속에 오빠는 아버지를 닮지 않았다고 생각했었는데 노후의 모습은 아버지와 똑 닮아 내심 놀랐다. 오빠는 그 특유의 다정다감한 미소를 지으며 동생들의 얼굴을 차례로 바라보았지만 누구인지를 확실히 알지 못했다.

"실수를 할까봐 말은 못하겠고, 누구지?"

오빠는 이미 정상인이 아니었다. 암세포가 뇌까지 전이 돼 치매증상까지 보였다. 막상 병고로 찌든 초췌한 모습을 대하게 되니 울컥 목이 메었다.

난 오빠와의 추억을 몇 가지 가지고 있다. 오빠는 내 생명의 은인이다. 취학 전 연못에 빠진 날 구해주었다. 물 밖으로 나왔을 때 내 정수리 머리카락이 오빠의 손에 칭칭 감겨있었다. 난 살아난 고마움보다는 오빠한테 잡힌 머리채가 아파 울었었다. 그리고 취학 후 밖에서 놀다가 늦게 들어오면 눈을 부릅뜨고 공포분위기를 조성하던 모습이다. 여간 무서운 게 아니었다. 그 다음은 오빠가 군 제대를 하고 집에 와 머물고 있을 때다. 오빠는 그때 이미 해병대 문관 여자(지금의 올케)와 열애 중이었다. 바로 위 언니와 난 밤마다 오빠의 군대 생활과 열애 이야기에 심취해 밤새는 줄 몰랐었다. 특히 군대 이야기는 무궁무진해 나중에 난 군대생활을 나도 한 것처럼 군인의 일상을 다 꿰었다. 그리고 그즈음 난 오빠와 처음으로 나무를 하러 산에 간 적이 있었다. 어머니가 만들어 준 "모찌(찹쌀떡)"떡을 점심으로 싸들고 가까운 산으로 갔다. 나는 갈퀴로 낙엽을 긁어모았고 오빠는 나무의 잔가지를 쳐 끈으로 묶어 리어카에 실었다. 지금 생각하면 집에서 놀고 있는 오빠를 그냥 두고 보지 않겠다는 어머니의 계획에 나까지 끼어 넣은 것 같았다. 느닷없이 나무를 하라고 산으로 올려 보낸 이유를 지금까지 이해할 수 없는 걸 보면 그랬다. 그

후로 한 번 더 간 것이 "오빠와 나무하기"의 마지막 추억이다. 아무튼 난 다른 가족과는 하지 못했던 나무하기 추억을 오빠와 공유하고 있다는 것에 자부심을 갖고 있었다. 그런데 어느 날 오빠는 얼토당토않은 이유를 들어 내게 분노했다. 그때 난 중학생이었다. 한참이나 어린 내게 화를 낸 이유는 자기가 집에서 놀고 있으니까 나까지 자신을 얕보고 있다는 것이었다. 난 그때 그 말이 너무 황당했고 억울했다. 하지만 내 억울함과 분노 따위에 마음 써 줄 가족은 없었다. 오래 두고, 지금까지 그 이유를 알 수 없지만 아마도 어머니가 오빠와 나를 묶어 산에 보낸 것이 화근인 듯하였다. 왜 그랬냐고 늘 묻고 싶은 말이었지만 물어볼 기회를 놓치고 말았다.

오빠가 직장을 쉽게 얻지 못할까 봐 우려하던 어머니의 근심은 이내 해결이 되었다. 오빠는 광산업을 하고 있는 고모부 회사의 경리로 취직이 되어 강원도 황지로 갔고 얼마 안 있어 해병대 문관이었던 마산여자와 결혼을 하였다. 그리고 또 얼마 안 있어 오빠는 사업을 시작했다. 광산업이었다. 거기서부터 오빠의 인생은 꼬이기 시작했다. 흥하기 보다는 망하는 일이 더 잦은 빈껍데기 사업가가 되어 떠돌다가 아내와 아이 넷을 두고 홀연히 집을 나가버렸다.

형제들이 병원을 다녀 온 다음 날 조카는 오빠를 요양원으로 옮겼다. 수술이 오빠를 더 힘들게 할 수 있을 것 같다는 의사의 조언에 따라 내린 결단이었다. 요양원으로 옮긴지 한 달 만에 세상을 떴다. 솔직히 더 살았다고 해서 반가워할 가족은 없을 것 같았다. 위독하다는 통보를 받고 제일 먼저 달려간 동생은 오빠가 편안하게 눈을 감았다고 했다. 그 정도면 심한 통증으로 고통스러웠을 텐데 어찌 견뎠을까 하니 의사의 말로는 전이가 뇌의 숨골로 간 듯하다고 했다. 숨골로 가면 고통을 느낄 수 없다고 하였다. 나도 모르게 후~하고 숨을 몰아 쉬었다.

"죽음의 복은 타고 났네"

"그런 편이지"

이대로 떠난 게 나았지 싶다 라는 생각은 동생도 마찬가지인 것 같았다. 병고가 길어지면 자식들의 원망이 높아질게 뻔하기 때문이다. 자식들을 돌보지 않은 아버지가 불치의 병으로 돌아와 자식들에게 간병을 강요한다면 흔쾌히 받아들여줄 자식이 몇 될는지… 이런 아버지들 때문에 자식이 불효자의 오명(?)을 쓰게 되는지도 몰랐다.

어쨌든 자식이 있어 빈소가 마련되고, 문상객을 받고 고인의 마지막을 쓸쓸하지 하게 해주었다. 하지만 오빠의 빈소에는 죽음을 안타까워하며 목 놓아 우는 가족이 없었다. 조용했다. 난 오빠의 영정 앞에서 "왜 그렇게 살았어요?" 라고 묻는다. 한편으론 몸이 그 지경에 이르기까지 받았을 고통이 안쓰러워 눈물이 핑 돌았다. 성실하게 살지 못해 생긴 비극적인 말로를 그래도 자식들이 감싸주고 있다. 올케 언니는 오랫동안 잃었던 자리를 되찾은 듯, 자신이 남편의 마지막을 거두게 된 것에 안도했다. 아무래도 오빠를 위해 울어줄 사람은 오랫동안 함께 지낸 오빠의 마지막 사랑일 것 같다는 생각이 들었다.

❖ 옥영수

색소폰 인생

참 많은 과정을 겪었다. 고등학교 시절. 그러니까 지금부터 거의 40년도 더 전의 일이다. 당시 불어 닥친 통기타 열풍은 젊은 나를 잠들지 못하게 했다. 요즘 새롭게 주목을 받고 제2의 인기를 구가하고 있는 '세시봉'의 존재 따위는 몰랐지만 이장희의 콧수염과 신중현의 기타소리는 나를 그냥 광란으로 몰아가기에 충분하였다. 당시 통기타는 우리들의 절대 아이콘이었다. 통기타 하나만 있으면 어디든 젊음을 불사를 수 있었다. 고등학교 시절에는 소풍지에서, 대학에 들어가서는 MT를 한답시고, 야외를 쏘다닐 때 기타 치는 친구만 있으면 만사 오케이였다. 잘 치고 못치고는 상관없었다. 몇 가지 코드와 '쿵쿵작작' 네 박자 비트만 두드릴 줄 알면 되었다. 하지만 통기타는 여전히 비쌌고 아무나 치는 것은 아니었다. 통기타 치는 친구 주가는 꽤 높았고, 그럴수록 기타를 배우고 싶은 열망은 컸다.

그런 내게 드디어 기타를 배울 기회가 왔다. 상당한 고수인 교회 후배를 알게 된 것이다. 그는 나보다 덩치가 컸고, 성격도 매우 활달하였다. 그에 비하면 나는 덩치도 왜소한 편이었고, 성격도 내성적이어서 열등감에 사로잡혀 무엇이든 적극적으로 배울 수가 없었다. 그는 내게 코드 잡

1956년 경북 의성 출생
부산수산대학교 졸업
한국해양수산개발원 연구위원
해양 칼럼리스트
대한사이버문학 동인
ysock57@hanmail.net, 010-6209-3364

는 법과 악보 보는 법을 가르쳐 주었다. 그리고 고맙게도 자기 기타를 내게 빌려주기도 했다. 그 후 나는 한 달 간 손가락이 갈라지도록 기타를 튕겨 대었다(그 기타 줄은 금속 줄이었는데, 몇 시간만 튕기면 손가락이 갈라질 정도로 아팠다). 몇 가지 코드를 잡고 간단한 음계를 익히게 되자 그는 내게 '상하이 트위스트', '장고' 같은 곡을 가르쳐 주었다.

하지만 이런 곡들은 너무 어려웠다. 또 기타 줄을 자유자재로 옮겨가며 손가락 끝으로 코드를 잡아야 하는데 손가락이 너무 아팠다. 그런데다 그 기타는 너무 커서 한 손으로 코드를 잡기 어려운 경우가 많았다. 아무리 연습해도 손가락만 아프고, 곡 하나를 제대로 칠 수가 없었다. 한 달 동안 열심히 친 덕에 손가락 끝에 굳은살은 박혔으나 손가락이 짧아 코드를 완벽히 잡을 수 없는 핸디캡은 여전하였다. 기타에 대한 열망은 점점 실망감으로 바뀌어갔고 두 달을 넘기지 못하고 결국 포기하기에 이르렀다.

나의 기타 인연은 이렇게 끝이 났지만 얼마 전 아내가 배우겠다며 사온 새 기타를 잡아보는 순간 깜짝 놀랐다. 기타 코드가 한손에 잡힐뿐더러 기타 줄이 전부 플라스틱 줄이어서 너무 감촉이 좋았기 때문이다. 옛날 금속 줄(굵은 줄은 그것도 꼬아서 만들었다)에 아픈 손가락을 악물며 배우려고 애썼던 것이 너무 억울했다.

그 후로도 악기에 대한 편력은 끈질기게 이어졌다. 대학 졸업 후 서울 생활을 외롭게 할 때는 하모니카를 불게 되었다. 하모니카는 심심풀이로 혼자서 불었기 때문에 재미는 있었지만 체계적으로 배우지 않아 남 앞에서 불 정도는 되지 못했다. 그래서 하모니카도 곧 시들해졌다. 이때 배우게 된 것이 꽹과리였다. 당시 회사에서 노조가 결성되었는데, 비교적 젊은 우리 동료 몇 명이 풍물패를 만들기로 하였다. 풍물패에서 내가 맡은 악기는 꽹과리였다. 꽹과리를 흔히 '쇠'라고 하는데, 쇠를 잡는 사람 중에서 가장 잘 치는 사람을 상쇠라고 한다. 상쇠는 풍물패의 리더라고 할 수 있다. 상쇠의 꽹과리 소리에 따라 전체 풍물패의 리듬을 바꾸거나 여러 가지 대형으로 바꾸는 신호로 삼게 된다. 그래서 상쇠는 상당한 자부심을 가지게 되는데, 상쇠가 얼마나 연주를 잘 구성하느냐에 따라 풍물패의 전체 조화가 결정된다(이것을 판을 짠다고 한다).

당시 상쇠 자리를 놓고 동료 한명과 치열한 경합을 벌였다. 그 친구는 교회 성가대를 지휘하기 때문에 리듬에 대해서는 자신 있다고 큰소리쳐, 나는 위축될 수밖에 없었다. 음악 실력에 있어서 그 친구와는 애초에 경합이 될 수 없었기 때문이다. 하지만 나는 열심히 노력하였다. 우리는 직장 인근의 대학 풍물 동아리방에 가서 배웠는데, 대학 동아리 상쇠의 손놀림과 쇠의 울림이 얼마나 정교하고 민첩한지 감탄을 자아내지 않을 수 없었다. 또한 전체 풍물패를 이끄는 연결 쇠소리에 한 치의 빈틈도 없었다. 비록 속성으로 배웠지만 밤늦게까지 여러 가지 리듬을 익혔고, 너무 열중한 나머지 잠꼬대를 할 때도 있었다.

드디어 직원들 앞에서 풍물 발표회를 하는 날. 나는 우정 술을 잔뜩 마시고 발표회장으로 갔다. 예의 그 친구와 내가 상쇠를 나누어 맡았는데, 그 친구가 전반부를 맡고, 후반부는 내가 맡기로 하였다. 술을 잔뜩 마신 것은 많은 사람들 앞에서 제대로 할 수 있을까 싶어 떨리기도 했지만, 풍물은 신명이 가장 중요하다는 이야기를 많이 들었기 때문에 좀 더 무아지경 속에서 쇠채를 잡기 위함이었다. 이런 나의 작전은 대성공이었다. 지금 생각해 보면 술에 취한 채 회사 마당을 누빈 기억밖에 없지만 오직 내 머릿속에는 리듬만이 존재했다. 회사 간부들이나 수많은 직원들은 눈에 들어오지 않았다. 푸른 하늘과 빙글빙글 돌아가는 구름떼, 그리고 풍물들의 뒤섞인 울림소리만 귓전을 때렸다. 그냥 무아지경(사실은 주아지경)에서 판놀이를 했던 것이다. 한 판이 끝났을 때 들려오는 우레와 같은 박수소리.

하지만 그것이 전부였다. 그 후 제대로 쇠를 두드릴 일이 없었다. 꽹과리라는 것이 혼자 연주하는 악기도 아니고, 또 그럴만한 실력도 아니었기 때문이다. 회사 노사분쟁이 있을 때 두어 번 쇠를 두드렸지만, 그것은 연주가 아니었다. 그러다보니 쇠와의 인연도 점차 멀어져 갔다.

그후 악기와의 인연은 몇 번 더 있었다. 드럼을 배워보기도 했고, 아코디언을 잡아보기도 했지만 그다지 만족스럽지 않았다. 그러다가 접하게 된 것이 바로 색소폰이다.

색소폰. 모든 일의 시작은 용기로부터 출발하듯이 색소폰 입문도 상당한 망설임 끝에 이루어졌다. 색소폰 소리에 처음 반한 것은 20여 년 전 케니지의 테이프를 처음 듣고 나서였다. 비오는 날 운전 중 케니지의 테이프를 처음 듣는 순간의 감동을 지금도 잊을 수 없다. 그 후 생활에 매몰되어 색소폰을 잊고 있었는데, 어느 날 우연히 동네에 색소폰 동호회 간판이 눈에 들어왔다. 하지만 생활인으로서 바쁜 일과 속에서, 또 그렇게 적극적이지 못한 천성 때문에 지나다니면서 동호회 간판만 보고 다닌 것이 일 년이었다. 그러다가 재작년 말. 세모의 스산함을 떨쳐버리기라도 하듯, 무작정 발걸음을 낙원상가로 향했다. 그리고 악기가게 앞을 서성이다가 가장 큰 악기 가게로 들어가서 색소폰을 하나 사 버렸다. 색소폰 살 때의 에피소드. 색소폰 사러 왔다고 하니 어떤 색소폰이냐고 묻는 순간 당황스러웠던 기억이 생생하다. 어떤 색소폰이라니? 색소폰도 종류가 많다는 것을 처음 알았다.

어렵게 구입한 색소폰은 다시 여섯 달 집에서 잠을 잤다. 가끔 케이스에서 꺼내 만지작거려 보았지만 어떻게 부는지 알 수도 없고, 이웃집에 소음 피해를 줄까봐 소리를 내 볼 수도 없었다. 그러다가 작년 6월. 드디어 용기를 내어 동호회 문을 두드렸다. 마음 한번 먹는데 1년, 다시 문을 두드리는데 6개월.

색소폰은 대체로 3가지로 나눈다. 테너, 소프라노, 알토. 그 외에도 베이스 색소폰도 있으나 일반적으로 연주에 사용되는 것은 그 세 가지

정도이다. 멋모르고 악기가게에 가서 색소폰을 달라고 했지만, 주인은 내 의도를 간파하고 알토색소폰을 추천해 주었다. 또한 제품도 아주 비싼 것부터 저가품까지 다양하게 있지만, 가장 무난하고 나중에 중고로 팔더라도 어느 정도 값을 받을 수 있는 중간 정도의 제품을 소개해 주었다. 일제 야마하.

색소폰은 1840년대 초기, 벨기에 태생의 아돌프 색소(Adolph Sax)에 의해 만들어졌다고 한다. 몸통이라 할 수 있는 공명통은 금속이지만 소리를 내는 리드는 나무로 되어 있기 때문에 금관악기와 목관악기의 중간이라 할 수 있다. 금관악기와 목관악기의 장점을 모두 살렸기 때문에 음색과 기능이 매우 돋보인다. 즉 공명통이 금속으로 되어 있기 때문에 목관악기보다 몇 배의 음량을 낼 수 있는 반면, 리드는 나무이기 때문에 매우 작은 음도 낼 수가 있다. 한마디로 표현력이 매우 풍부한 악기라 할 수 있다. 따라서 전통적인 관현악에도 널리 쓰이지만 특히 재즈계열의 음악에서는 절대적인 위치를 차지하고 있다.

이제 색소폰을 불기 시작한 지 10개월이 지났다. 처음에는 소리도 잘 나지 않고, 음을 바꿀 때 걸핏하면 '삑사리'라고 하는 엉뚱한 소리가 났으나 지금은 요령이 생겨 무난히 불고 있다. 처음에는 동요로부터 시작하여 가곡이나 민요로 연습하였고, 지금은 가요로 연습하고 있다. 이렇게 닥치는 대로 불다가 어느 순간 원장선생으로부터 큰 야단을 맞았다. 모든 것은 기초가 튼튼해야 되는데, 악보를 좀 본다고 마음대로 불면 어떻게 하느냐는 것이다. 그러면서 기초 연습을 게을리 한다고 심한 질책을 했다. 색소폰은 긴 호흡으로 부는 연습(일명 롱 톤)과 음계를 부드럽게 연결하는 연습(일명 스케일)을 많이 해야 하는데 그것을 소홀히 한다는 것이다. 그리고 스케일 테스트를 하니 도무지 한 소절을 제대로 불지를 못한다. 그리고 잘 쓰지 않는 운지법에서는 그냥 음이 엉켜 버린다. 그동안 혼자 부는 재미에만 빠져 자아도취되어 있었던 것이다. 그렇다.

세상일이 그렇게 쉬운 것이 어디 있던가? 더구나 음악은 예술이 아니던가? 기계적인 것도 제대로 숙달하지 못하면서 어떻게 감히 예(藝)의 경지로 올라가려하는가?

그래서 요즘은 다시 기초인 스케일 연습에 중점을 두고 있다. 한데, 여기서 또 하나의 딜레마에 휩싸이게 되었다. D스케일을 시작할 때쯤 플랫이 붙은 낮은 '시'음이나 낮은 '라'음은 작은 손가락으로는 아무리해도 짚을 수가 없다는 것이다. 기타에서 실패한 전철을 색소폰에서도 똑같이 밟아야 한다는 사실은 충격이 아닐 수 없었다. 손이 작은 신체구조 때문에 색소폰 또한 제대로 할 수 없다니… 10개월째 열심히 연습한 것이 또 물거품이 되는가?

며칠을 고민하다가 선배들에게 물어 보았다. 하지만 만족스러운 답을 얻을 수는 없었다. 어려우면 안하면 된다는 것이었다. 요즘은 반주기가 발달했기 때문에 낮은 음은 자동으로 변주해 준다는 것이다. 하지만 이것은 편법에 불과하다. 제대로 된 음색을 내려면 원래 곡대로 불어야 하지 않는가? 다양한 노래를 불 수 있기 위해서는 어떻게 하든 낮은 음 운지법을 익혀야 할 것이다.

요즘 낮은 음 운지는 하지 않고 있지만 언젠가는 하고 말 것이다. 자꾸 하다보면 새끼손가락에 힘이 생길지도 모른다. 옛날 턱걸이를 한 개도 못하다가 실내 클라이밍 연습을 통해 열 개까지 할 수 있었던 것을 생각하면 언젠가 새끼손가락에도 힘이 생길 것이다. 그때까지 열심히 연습을 해야 할 것이다. 이런 낙관적 생각을 가지게 된 것은 옆에서 트럼펫 연습하는 사람에게서 용기를 얻었기 때문이다. 작년 8월부터 트럼펫을 불기 시작한 사람을 보았다. 60대 중반의 나이인데 굳이 트럼펫을 배우겠노라고 시작했지만, 6개월이 지나도 제대로 소리조차 내지 못했다. 한번은 안쓰러운 생각에 트럼펫을 포기하고 색소폰을 불면 어떻겠냐고 권유했더니 꼭 트럼펫을 배우겠다고 한다. 트럼펫은 소리를 내기 어려워서 그렇지 한번 소리가 나면 쉽다는 것이다. 지난 6개월 동안 이 분이 트럼펫 연습 하는 모습을 보면 경건한 수도사의 모습과 같았다. 6개월이 지난 요즘에는 어렵게 겨우 한음 한음 소리를 내고는 있지만 제대로 된 음정으로 한 곡을 채 소화하지 못하고 있다. 이렇게 열정과 믿음을 가지고 음악을 하는데, 낮은 음 운지가 어렵다고 색소폰을 포기할까 생각하는 자신이 너무 바보스럽게 느껴졌다.

삼인행필유아사. 모든 것은 나의 스승이 될 수 있다. 그리고 모든 일에는 각고의 노력이 필요하다. 각고. 뿔을 깎는다는 것이 얼마나 어려운 일인가? 그런 간난의 고통을 견디지 않고 경지에 오른다는 것은 있을 수 없는 일이다. 이런 생각으로 앞으로 더욱 열심히 연습에 임해야겠다. 또한 아는 만큼 보인다고 했던가? 어려운 운지법이 있다는 것을 알기에 고수들의 연주가 더욱 가슴에 와 닿는다. 어려운 부분을 매끄럽게 연주하는 것을 들으면 기가 막힌 감탄이 절로 나온다. 귀가 뚫리면 언젠가 소리는 나오는 법. 이런 희망적인 생각을 버리지 말고 연습에 힘써야겠다. 올 한해 열심히 연습하여 연말에는 친구들 앞에서 제대로 된 노래 몇 곡은 부를 수 있었으면 정말 좋겠다.

부산 예찬

지난 3월 생활근거지를 부산으로 옮겼다. 공공기관 지방 이전 정책에 따라 몸담고 있는 직장이 부산으로 옮겼기 때문이다. 당분간 서울 집은 그대로 둔 채 혼자 내려왔지만 언젠가는 온 가족이 부산으로 합쳐야 할 것이다. 전 직원이 부산으로 이전함에 따라 부산에 연고가 없는 직원들은 걱정이 많았다. 젊고 유능한 직원들은 이직하는 경우도 생겼다. 하지만 퇴직을 얼마 남겨 놓지 않는 나로서는 별다른 선택의 여지가 있을 수 없었다. 다른 동료들 역시 마찬가지였다. 하지만 나로서는 부산 이전이 그렇게 반갑지 않은 것만은 아니었다. 내심 이전 날을 기다리기도 했다. 왜냐하면 부산은 내가 서울로 올라오기 전 소년과 청년시절을 보냈던 제2의 고향이기 때문이다. 초,중,고는 물론이고 대학까지 부산에서 다녔고, 군대생활도 부산에서 했기 때문에 고향보다 더 깊은 인연과 추억이 깃든 곳이라 할 수 있다. 더구나 부산에는 노모까지 계셔 한시라도 빨리 부산으로 내려갔으면 하는 마음조차 생겼다. 그렇지만 동료들에게 이런 생각을 이야기할 수는 없었다. 내려가기 싫다는 이야기를 우정 하기도 했다. 동료들에 대한 의리 때문이다. 이런 이야기는 집에서도 마찬가지였다. 아내에게 그런 이야기를 했다가는 마치 아내가 싫어서 그런 것이라고 오해를 살까 싶어서였다. 그래서 부산으로 내려오기 전날 밤, 마음에도 없이 내려가기 싫다는 이야기를 했더니 아내가 매우 슬픈 모습을 하였다. 이것을 본 순간 양심의 가책을 느껴 얼른 아내를 위로해 주었다. 주말마다 서울 오겠노라고… 그랬더니 아내가 눈을 흘기면서 한마디 하는 말. "잘도 올라 오겠수. 입에 침이나 바르고 이야기하지."

부산으로 귀향했다. 아니 부산이 고향이 아니니까 엄밀하게 귀향은 아니고 귀환이다. 정확히 33년만의 귀환이다. 가슴 설렌 부산으로의 귀환이었지만 33년의 시간 간극은 너무나 컸다. 생각 속의 부산과 현실의 부산은 큰 차이가 있었다. 우선 부산의 모습이 33년 전과 엄청나게 달랐다. 또 오래된 친구들과의 반가운 만남을 기대했으나 그것도 잠시였다. 친구들 역시 생활에 바쁘고 33년간의 긴 세월은 서로의 생활 패턴을 바꾸어 놓았기 때문에 지속적인 만남에 큰 장애가 되었다. 심지어 어떤 동창생은 전화를 받고서 한참이나 기억을 못했다. 33년 동안 온갖 세파에 찌들어 어릴 적 기억을 끄집어내는데 한참의 시간이 걸린 탓이다. 그런 친구에게는 다시 연락하지 않기로 했다. 굳이 옛날 일을 끄집어내어 억지로 만남을 유지할 것까지는 없었기 때문이다. 과거는 과거, 현재는 미래를 위해 존재하는 것이 아닌가? 이것을 일명 엔트로피의 법칙이라고 하는 열역학 제2법칙으로 설명할 수 있을까? 현재는 미래를 위해서만 존재하고 과거는 추억의 한 자락으로서 관념 속에서만 존재하게 된다는. 그래서 부산으로의 귀환을 계기로 새로운 부산 생활을 창출해 가기로 했다. 새로운 친구도 사귀고, 새로운 부산 모습에 만족해하는 삶으로 바꾸어가기로 했다.

33년만의 귀환에서 가장 많이 놀란 것은 부산이 크게 변했다는 점이다. 10년이면 강산도 변한다고 하지 않는가? 그렇게 본다면 33년은 강산이 3번 이상 바뀐 시간이다. 그 변화 중 가장 눈에 띄는 것은 부산이 한결 좁아졌다는 것, 그리고 스카이라인이 매우 화려해졌다는 것이다. 부산은 예나 지금이나 항구도시이다. 영도라는 섬을 가운데 두고 북항과 남항이 만(灣)으로 둘러싸여 있는 천혜의 항구도시이다. 그래서 개항 이후 부산이 서울에서 멀리 떨어져 있었음에도 불구하고 우리나라 제1의 무역항이 될 수 있었다. 그런데 33년 만에 부산으로 돌아와 보니 어릴 적 그 넓던 부산 내항이 너무나 좁아져 있었다. 옛날 부산의 내항은 무척 넓었다. 초등학교 6학년때 소풍갔던 신선대에서 바라보는 영도는 아득하게 멀었는데, 부산으로 돌아와 보니 영도와 신선대가 너무 지척이어서 깜짝 놀랐다. 어릴 적 보는 것과 장성한 후에 보는 것에 차이가 있겠지만 자세히 보니 실제로 그러했다. 그것은 신선대 앞바다가 거의 매립이 되어 컨테이너 부두로 되고, 영도 역시 넓게 매립이 되어 해양클러스터 지구로 변했기 때문에 그 사이 바다는 좁아질 수밖에 없었던 것이다. 이것은 영도와 신선대만의 문제는 아니었다. 휴일 날 부산 남쪽에 높이 솟아있는 구덕산에 올랐을 때 부산역 뒤쪽(전통적인 부산항 제1, 2, 3, 4 부두 자리)도 전부 매립이 되어 있었다. 그러니 자연 옛날 그렇게 넓었던 부산항이 이제 조그만 웅덩이 정도로 협소해 진 것이었다. 부산시 발전의 큰 그림 하에 그렇게 된 것이겠지만 항도 부산의 이미지와 향수에 젖어있는 나로서는 뭔지 모를 아쉬움을 느끼지 않을 수 없었다.

다음은 스카이라인이다. 이것을 보노라면 부산항이 좁아졌다는 쓸쓸함이 순식간에 사라져버린다. 현재 우리나라에서 가장 높은 빌딩이 해운대에 있다는 것을 알고는 깜짝 놀랐다. 또 부산항 곳곳에는 들고나는 해안선의 곡선과 바다의 접점이 어우러진 가운데, 군데군데 제각각의 독특한 스카이라인을 형성하여 기막힌 풍광을 자아내고 있다. 한 군데만의 풍광이 아니라, 남항 주변, 북항 주변, 광안리, 수영만과 해운대 일대가 서로 경쟁이라도 하듯 다양한 해안 스카이라인을 뽐내고 있다. 자갈치시장과 영도로 둘러싸여 있는 남항 일대는 빼곡히 들어찬 빌딩군과 줄지어 늘어선 크고 작은 어선들이 조화를 이룬 그림 같은 도시 풍경을 연출하고 있다.

북항 주변은 대형 상선과 컨테이너선이 수많은 화물과 컨테이너를 하역하는 가운데, 부산의 중심 시가지와 영도, 신선대로 둘러싸여 있다. 그리고 영도와 신선대 간에는 최근에 완공된 높이 110m의 현수교가 미국의 금문교 못지않은 자태를 뽐내며 전체 북항 스카이라인의 마지막 점을 찍고 있다. 거기서 다시 북동쪽으로 이기대를 지난 곳에 광안리 스카이라인이 있다. 광안리의 넓은 바닷가는 예로부터 청춘남녀의 데이트

코스로 유명하였는데, 이곳이 30여 년 전부터 전국적인 청춘남녀의 거리로 변해 해안가는 카페, 술집, 각종 유흥업소 등으로 현란한 모습을 노출시키고 있다. 이곳이 더욱 유명해진 것은 광안만을 가로질러 이기대와 해운대 간에 연결된 광안대교 때문이다. 복층으로 건설된 광안대교는 밤이 되면 형형색색의 불빛으로 장식되는데, 불야성을 이룬 광안리 해변가 유흥업소의 불빛과 조응하여 밤마다 황홀경을 연출하고 있다. 가히 청춘남녀의 가슴을 설레게 할 만한 곳이다.

마지막으로 광안리 북쪽에 있는 수영만과 요트 계류장 지역을 지나면 동백섬과 해운대 일대의 장관이 펼쳐진다. 해운대는 1970년대까지만 해도 우리나라 최고의 신혼 여행지였다. 1980년대 이후에는 제주도에 그 자리를 넘겨주었지만, 최근에는 신혼여행객보다는 일본과 중국의 관광객들로 넘쳐난다. 동백섬과 2km에 이르는 해운대 백사장 건너편의 달맞이고개 일대는 카페와 라이브 음악홀로 넘쳐나고 있으며, 백사장 뒤쪽의 빌딩군은 호텔 등으로 거대한 빌딩 숲을 이루고 있다. 그 거대한 스카이라인에서 단연 돋보이는 것은 우리나라 최고 높이의 빌딩으로 현란한 모습을 드러내고 있는 마린씨티타워이다.

이처럼 거대 부산을 형성하고 있는 다양한 스카이라인 모습은 그 속에서 보는 개별적 광경도 멋있지만 산 위에서 전체를 조감할 때 그 아름다움은 더욱 증폭된다. 예컨대 홍콩이나 시드니, 혹은 호놀룰루의 스카이라인도 멋있지만 이들은 거대한 단일 도시로 뭉쳐져 있다. 하지만 부산항의 경우 전체를 조감할 수 있는 구덕산이나 영도 봉래산, 혹은 황령산 등에 올라 보면 들고 나는 해안선의 커다란 굴곡 속에 바다와 산, 그리고 바위 절벽과 암초(예컨대 오륙도)들이 기묘한 동양화를 그리는 그 안쪽마다 높다란 빌딩군들이 제각각의 스카이라인을 그리고 있다. 그 모습은 자연과 인공이 절묘한 조화를 이루는 풍광이라 하지 않을 수 없다.

33년만의 귀환에서 너무나 달라진 부산의 외형에 놀라 장황하게 부산항 모습을 설명하였다. 이제는 부산 속으로 들어가서 부산의 진짜 속살을 살펴보자. 부산의 속살을 보기 위해서는 부산의 역사를 알아야 한다. 부산의 역사는 구석기시대부터 신석기시대, 가야로 이어지는 고대사부터 이야기할 수 있지만 가장 손쉽게는 근대 역사부터 가볍게 살펴보는 것이 우선의 요령이다. 부산은 1876년 개항과 더불어 본격적으로 발전하기 시작하였다. 그 이전에는 부산이라기보다는 오늘날 부산의 한 지역인 동래의 역사라고 해야 옳을 것이다.

부산항은 개항 이후 본격적인 발전을 한 관계로 근대 문화의 흔적이 많다. 일본에 의해 개항되었기 때문에 부산의 속살은 당연히 일본 문화풍이 많다. 어릴 때까지 부산에는 일본식 집이 많았다. 거리에도 일본식 짚 매트(일명 다다미)를 만드는 가게가 여럿 있었다. 일본식 집은 이층구조가 많다. 일본은 비가 많고 습한 기후 탓에 이층집을 지어 이층에서 생활하는 경우가 많았기 때문이다. 이런 흔적은 부산의 구 거리인 대신동과 광복동, 초량, 그리고 영도의 남항동 일대에 많이 남아 있다. 또 부산은 해방 이후 한국동란을 거치면서 임시 수도로서 융성하였기 때문에 그와 관련된 문화유산도 많다. 그리고 이북 피란민에 의해 형성된 문화잔재 역시 많은 것이 특징이라고 할 수 있다. 우암동의 피난민촌, 문화마을로 유명한 감천과 아미동 지역, 국제시장 등등은 해방과 한국동란 이후에 형성된 독특한 문화 잔재라 할 수 있다.

요즘 한국 100대 관광지로 선정된 감천 문화마을을 보자. 원래 이곳은 한국전쟁 이후 피난민들에 의해 형성된 지역이다. 처음에는 태극도를 중심으로 그 신도들이 모여살기 시작한 곳이어서(지금도 태극도 총본산이 여기에 있다) 태극도 마을로 불린 부산의 전형적인 달동네였다. 급경사지에 얼기설기 판잣집을 지어 비바람을 피하고 하루하루를 벌어먹기 위해서 험준한 감천고개를 넘어 국제시장, 자갈치 등으로 일터를 찾아가야 하는 힘든 삶의 모습을 보여주었던 눈물겨운 곳이라 할 수 있다.

이런 슬픈 역사를 지니고 있는 이곳을 젊은 문화예술인들이 하나 둘 모여 새로운 문화 아이콘으로 만든 것이 감천 문화마을이다. 처음에는 젊은 문화예술인들이 순수한 창작 열의로 시작된 마을 꾸미기가 이제는 정부에서도 관심을 보여 지금은 국제적인 독특한 문화콘텐츠를 지닌 곳으로 변모하였다. 감천문화마을을 제대로 감상하기 위해서는 이곳 역시 전체를 조감할 수 있는 산으로 올라가야 한다. 감천문화마을은 남항의 서쪽 진산인 천마산 뒤쪽에 위치해 있기 때문에 천마산에 올라서 보는 것이 제일 좋다. 천마산은 감천문화마을뿐만 아니라 반대쪽으로는 부산 남항 전체가 조감되기 때문에 부산을 찾는 사람이라면 꼭 올라보기를 권하고 싶다. 감천문화마을이 깊은 골짜기에 위치해 있기 때문에 그 꼭대기인 감천고개에서 천마산은 조금만 발품을 팔아도 오를 수 있다. 이곳에서 보는 감천마을은 집집마다 다른 색깔을 칠해 전체적으로는 알록달록한 동화 속 마을 같은 분위기를 풍긴다. 그리고 대부분이 슬라브 지붕으로 되어 있기 때문에 아래쪽 파란 감천만의 바다와 어우러져 마치 남유럽이나 북아프리카의 어느 곳을 구경 하는듯한 착각에 사로잡힌다. 여기를 구경할 때는 한여름 뙤약볕이 내리 쬘 때가 더 적격이다. 지중해의 강렬한 햇살이 연상되기 때문이다. 햇살을 정면으로 받을 때 미간을 약간 찌푸리며 본다면 감천문화마을을 제대로 보는 것이 된다. 또 최근 영화로 소개되어 전 국민의 조명을 받은 곳이 국제시장이다. 이곳 역시 한국동란 이후 온갖 세월의 풍상을 겪은 우리 민족의 역사가 그대로 녹아있는 곳이기에 갈 때마다 감회가 새로워지는 곳이다. 깡통시장, 도깨비시장, 먹자골목과 같은 곳은 우리나라 도처에 있는 이름이지만 이곳이 그 시원(始原)이 아닐까 싶다. 한국전쟁 직후인 1950년대부터 시작되었기 때문이다.

국제시장은 동명의 영화로 알려졌지만 이곳은 처음부터 영화와 인연이 많은 곳이다. 오늘날과 같이 복합상영관이 없던 시절에는 개봉관 하나에서 오랫동안 상영되는 것이 일반적이었다. 그럴 때 한 지역에서 6~7개의 개봉관이 밀집해 있던 곳은 국제시장 바로 앞의 광복동이 전국에서 유일하였다. 그래서 많은 청춘남녀는 광복동에서 다양한 영화를 골라서 관람할 수 있었고, 국제시장의 먹자골목에서 보다 즐거운 밀회를 즐길 수 있었던 것이다. 이러한 관련 하에 2000년대 초반 공전의 히트를 기록한 영화 '친구'의 주 무대가 국제시장과 광복동 영화거리였던 것이다. 또 이러한 문화적 배경 하에 세계에 이름을 알린 부산국제영화제에서 영화의 거리로 선정된 곳이 바로 광복동인 것이다.

부산의 모습과 문화를 살펴보았다. 부산 예찬은 끝이 없지만 마지막으로 문화 중의 문화라고 할 수 있는 '먹거리'를 살펴보도록 하자. 부산은 항구 도시, 그것도 우리나라 제일의 무역항, 제일의 어항이기 때문에 온갖 생선이 지천으로 있다. 모든 원양어선이 들고 나는 곳이기 때문에 참치와 같은 고급어종은 말할 것도 없고, 우리나라 최대의 어판장인 공동어시장 또한 부산에 있기 때문에 각종 연근해 어획물이 풍성하게 쏟아져 나오는 곳이다. 그리하여 수산물과 관련된 음식은 부산이 가장 발달한 곳이라 할 수 있다. 그 대표적인 것에 생선회와 생선구이, 그리고 어묵이 있다. 또 한국전쟁 이후 많은 피란민들과 관련된, 그리고 일본과 관련된 음식도 많이 있다. 이것을 잠깐 살펴보자.

우선 생선회는 몇 줄 글로 언급하기가 어려울 정도로 다양한 형태로 발전해 왔다. 그래서 부산에서만 특징될 수 있는 생선회를 간략하게 언급만 해 보면 붕장어 회(아나고회), 멸치회, 숭어회, 참치회, 꼴뚜기회, 도다리회, 참치회, 등을 들 수 있다. 이를 일일이 소개한다는 것은 너무 장황해질 우려가 있기 때문에 생략하고, 다른 생선요리를 언급해 본다.

부산의 대표적 생선 요리로는 구이와 찜이 있다. 구이는 '고갈비'가 단연 대표적이다. 고갈비란 고등어구이를 말하지만 서울 등지에서 먹는 간고등어구이 또는 자반고등어와는 그 품격이 사뭇 다르다. 간고등어나

자반고등어는 저장성을 위해 소금에 절여 놓은 것이기 때문에 일단 선도가 떨어진다. 그렇기 때문에 원료어의 품질과는 상관이 없이 만들어지는 것이 간고등어나 자반고등어이다. 하지만 고갈비에 사용되는 고등어는 생물고등어이기 때문에 일단 최상급의 고등어가 아니면 안 된다. 여기서 최상급이란 크기도 커야하지만 선도가 아주 싱싱해야만 한다. 우리나라 고등어의 80%가 부산항을 통해 양륙되는 관계로 진정한 고갈비 문화는 부산에서 형성되지 않을 수 없었다. 또 고갈비는 일상적으로 먹는 것이 아니라 술안주로서 식도락의 하나이기 때문에 가격과 관계없이 큰 고등어(일명 '대고')만을 사용한다. 대부분의 생선은 클수록 고급으로 친다. 크기에 따라 맛이 달라지기 때문이다. 또 간고등어는 직화든 번철에 구운 것이든 상관이 없지만 고갈비는 반드시 연탄불이나 숯불로 은은하게 구워야 한다. 그러므로 껍질의 형태가 그대로 유지돼 있어야 한다. 10분 이상 정성스럽게 구운 고갈비는 부산에 가면 꼭 먹어야할 먹거리 중의 하나이다. 그 외에도 부산에는 곰장어구이(먹장어), 가자미구이, 굴비 구이, 짚불 곰장어 등 다양한 구이가 있고, 아구찜, 대구뽈찜 등 다양한 찜 요리도 있다. 곰장어 구이만 해도 숱한 일화가 있을 정도로 부산의 대표적 먹거리이다. 하지만 오늘날 국내산 곰장어는 찾기 어려울 정도로 자원이 감소되었고, 또 그 외의 다양한 구이는 부산 아니어도 먹을 수 있는 것이기에 일단 여기서는 생략하기로 하자.

요즘 뜨는 부산의 먹거리 중에 어묵이 있다. 흔히 말하는 부산 어묵이지만 진정한 부산 어묵은 부산에 가야 맛볼 수 있다. 서울에서도 길거리 어묵 집에는 한결같이 부산어묵이라고 쓰여 있지만 진짜 부산어묵의 맛은 부산에 와야 먹을 수 있다. 부산에서 어묵이 유명한 것은 부산항을 통해 들어오는 다양한 생선이 바로 그 원료가 되었기 때문이다. 부산의 어묵 역사는 오래되었다. 어묵은 일본에서 개발된 것이기 때문에 일본문화의 잔재라고도 할 수 있다. 그래서 부산에서는 일찍부터 재래시장마다 어묵가게가 있었다. 시장마다 있는 어묵가게에서 직접 수제어묵을 만들어 팔았던 것이 부산 어묵의 시초이다. 오늘날 부산어묵이 유명한 것은 오래전부터 수제 어묵 맛을 보아 왔던 부산사람들의 입맛을 충족시켜야하기도 했지만 부산에는 애초부터 풍부한 어묵원료가 지천으로 있었기 때문이다. 작은 갈치나 참조기새끼, 도루묵 등 흰살 생선이 모두 맛있는 어묵의 원료가 되는데, 이들 작은 크기의 흰살 생선은 부산에서만 구할 수 있었던 것이다.

부산의 먹거리에는 일본이나 이북과 관련된 음식이 많다. 어묵도 일본 문화의 잔재이기는 하지만 그 외에 일본 음식의 하나로 단팥죽이 있다. 우리의 팥죽과 달리 단팥죽은 단 맛이 기본이다. 부산에서 학창생활을 보낸 사람들에게 추운 겨울날 찐빵 집에서 맛보던 단팥죽의 추억은 잊지 못할 맛이라 할 수 있다. 또 망개나무 잎으로 싼 망개떡이나 '당고'라고 하는 팥고물 무침도 일본 음식의 하나이다. 그 외에도 명절음식으로 해 먹는 일본식 생선조림, 오징어조림 같은 것도 부산에서만 맛볼 수 있는 것이다. 단 맛이 깊게 가미된…

일본 문화의 잔재는 그렇게 자랑스러운 것은 아니다. 그래서 그 정도로 그치고 그것보다 한국전쟁 이후 슬픈 역사가 녹아든 이북 음식에 대해 살펴보자. 이북 음식의 대표로는 밀면을 들 수 있다. 원래 밀면은 피난민들이 고향에서 먹던 냉면을 흉내 내어 호구지책으로 만들어 팔던 음식이다. 조리과정은 냉면과 비슷하지만 당시 원료가 되는 메밀을 구하기가 힘들어 구호품으로 많이 나돌았던 밀가루를 이용해 만든 짝퉁 냉면이 바로 밀면이다. 그래서 밀면은 냉면보다 가격이 월등히 저렴하다.

하지만 세월 따라 입맛도 바뀌는 법. 요즘은 이 밀면이 부산사람을 미치게 한다. 가격도 가격이거니와 냉면에 비해 월등히 부드럽고 매끄럽게 목에 감기는 맛에 여름철 시원한 밀면 한 그릇이 아니면 잠들지 못하는 사람들로 넘쳐난다. 그래서 곳곳에서 밀면 집이 성업을 이루고 있지만 냉면집은 구경하기가 어렵다.

그 외에 이북 음식의 전형으로 순대가 있다. 순대야 오늘날 우리나라 곳곳에서 흔하게 볼 수 있지만 부산의 순대는 순대 자체로서의 존재보다는 돼지국밥과 더불어 그 다양한 맛을 더하고 있다. 순대가 돼지국밥으로 문화적 전향을 한 것은 아마 전국에서 부산이 유일하리라. 돼지국밥이라 하여 순대가 포함되지 않은 것은 아니지만 순대라는 돼지의 한 부분을 떠나 음식대상을 몸통과 머리 등 돼지 전반으로 발전시킨 것이 부산 돼지국밥이다. 부산이 항구도시이면서도 돼지 소비량이 내륙도시 못지않을 정도로 돈육 문화가 발전한 것은 분명 피란민의 영향이 적지 않을 것이라 추론해 본다.

33년만의 귀환을 통해 부산의 지리, 역사, 문화를 간략하게 짚어 보았다. 부산은 오늘날 국제도시로 웅비하고 있다. 세계가 점점 좁아지고 있는 마당에 육로, 해로, 항로가 고루 겸비되고, 중국, 일본을 가장 가까운 거리에 두고 있는 부산으로서는 대륙과 해양으로 뻗어 나갈 수 있는 끝점에 위치해 있는 호조건을 갖추고 있다. 요즘 중국에서 부르짖고 있는 일대일로(一帶一路)의 마지막 피날레가 부산을 통해 이루어질 수 있을 것이다.

33년만의 귀환으로 아직 다소 얼떨떨한 분위기에서 부산 예찬을 해 보았다. 어느 누군들 자신이 태어난 곳, 자란 곳을 동경하지 않은 이가 있을까? 하지만 산으로 들로, 또 출장 등 업무상으로 전국을 두루 다녀 본 경험으로 비추어볼 때 부산은 결코 일면만으로 예찬할 수 없는 다양한 문화가 녹아든 독특한 곳이다. 비록 한풀 벗겨내 보면 과거의 쓰린 역사가 골목골목마다 스며있다 하더라도 오늘 그것은 아름다움이고 황홀한 모습으로 재탄생하고 있다. 마치 쓰레기에서 민들레가 피고, 장미가 피듯이… 그러한 역동성이 있기에 부산은 더 애착이 가는 곳이다. 얼핏 들으면 부산 말이 억세고, 얼핏 보면 부산이 바람 많고, 태풍 많은 척

박한 곳으로, 얼핏 맛보면 부산 음식이 맵고 짠 것으로 느껴지지만, 다시 한 번 곱씹어 생각해 보면 그 모든 것은 문화이다. 문화는 느끼기보다 이해해야 한다. 이해를 통해서 느낌이 배가되기 때문이다.

*후기 : 부산에 돌아온 감격이 넘쳐, 또 원고 마감 일시가 촉박해 부산을 개략적으로, 그리고 느낌 가는 대로 개발새발 서술해 보았다. 어제도 백양산을 오르면서 내려다본 부산 전경에 감탄하였다. 너무나 자랑할 것이 많고, 쓸 것이 많은 부산은 이제 명실상부한 국제지향 도시가 되었다. 그리고 옛것과 현재, 미래가 공존하는 가장 다이나믹한 도시 중 하나이다. 시간을 두고 부산을 천천히 음미하면서 하나하나 조명해 보고 싶다. 향토를 사랑하는 것은 모든 이의 마음이지만, 33년만의 귀환에서 약간은 이방인의 눈으로 부산을 새롭게 발견해보고 싶은 느낌이다.

❖ 정이식

울지 마라 인생은 울보를 기억하지 않는다

젊은 나이 일 때에 나는, 기품 있게 술을 마시려 노력을 하였다. 비슷한 성향의 친구들과 모임을 만들고 틈만 나면 술집에 앉아 폼 재며 멋있게 술을 마시려 하였다. 그런 아류의 술집 목마루를 단골로 삼고 비 내리면 대낮부터 우리는 모였다. 보통은 주모가 시제를 부르고 우리는 그 시제에 맞는 시를 읊었다. 어느 날인가 주모는 빗소리를 시제로 내어놓았다.

외할머니 대청에서 다듬이 방망이 두드리는 소리. 잘 익은 농주 거르는 소리. 병풍 뒤에서 여인의 옷고름 끄르는 소리. 이런 종류의 시구가 나왔다. 톱은 단연 먼 추억을 끌어당겨 뾜 슬레이트 지붕 위를 두드리는 빗소리를 유쾌한 외할머니의 방망이소리로 표현한 친구의 몫이었다. 그 친구가 유곡동 휘발유였다. 그때에 나와 친구들은 저마다 이런 종류의 별칭을 사용하고 있었다. 참고로 나는 백송이고 또 다른 친구는 손도였다. 세월이 흐르고 다음 카페가 생기며 우리 모임도 카페를 만들었다. 거기에 유곡동 휘발유는 유곡동을 버리고 우지마라를 닉으로 등록하였다. 가수 김양의 노래 우지마라가 절정을 치솟던 시기였다. 그의 애창곡이기도 하였다.

1954년 경남 산청 출생, 현) 경남 진주 거주
《문학사랑》 신인작품상 수상. 〈경남신문〉 신춘문예 동화 당선
제24회 《문학사랑》 인터넷문학상 수상
제34회 근로자 문학제 은상 상
글동네 문학상 수상 (2011)
한국문인협회. 문학사랑문인협회. 경남아동문학회,
한밭아동문학회. 대한사이버문학 동인
cis1623@hanmail.net, 010-4800-1623

어느 날부터 우지마라 그 친구가 모습을 감추었다. 몹쓸 병이 도져 시한부 인생을 살면서였다. 전화도 문자도, 즐겨 사용하던 카톡도, 빗장을 꽁꽁 잠그고 은둔에 들어갔다. 답을 보내지 않아 그렇지 내가 보내는 카톡은 열심히 보고 있다는 느낌을 받던 나는 내 카톡의 배경화면에 다음과 같은 글을 올려놓았다.

우지마라 인생은 울보를 기억하지 않는다.

울보는 쉽게 분노하고, 분노로 얼룩진 비이성적인 사람에게 인생을 맡길 수 없다는, 세상에서 가장 위험한 현자 마키아벨리의 이야기를 내 카톡으로 옮겨놓은 것이다. 순전히 우지마라 그를 겨냥한 말이었다. 며칠 뒤, 효과가 나타났다. 우지마라 그로부터 회신이 왔다.

보고 싶다. 친구야. 내가 잘못했다.
우리 같이 만나 밥이라도 한 끼 하자.

부리나케 손도 친구에게 연락하여 우지마라 그의 아내와 같이 그가 선호하던 추어탕 집으로 갔다. 하지만 그는 밥을 먹으며 많은 이야기를 나누려는 나의 기대를 져 버리고 한 술갈 뜨다말고 밖으로 나갔다. 속이 치밀어서 음식을 삼키지 못하겠다며. 다만 1년이라도 더 살아주었으면, 눈물을 흘리던 그의 아내를 보며 나도 수저를 놓았다. 그렇게 우지마라와 나는, 정작 하고픈 말 한마디 못 하고 헤어져버렸다. 보름쯤 뒤에 이제는 오픈이 된 우지마라의 병실로 친구들을 대동하고 찾아갔다. 병실에 들어서며 나는 아연실색하였다. 분명 우지마라 그는 맞는데 그가 아니었기 때문이었다. 며칠 전 캄보디아 여행길에서 본 킬링필드의 흔적을 보는 듯한, 그는 살아있으나 산 사람이 아니었다. 매우 야위어 본래의 모습을 상실한, 호탕하게 웃으며 재치 있게 대화를 리드하던 우지마라의 본 모습은 어디에도 없었다. 나무작대기 같이 힘없는 노인의 형상으로 침대에 누워 가쁜 숨만 몰아쉬고 있었다. 그의 손을 잡으며 눈물을 왈칵 쏟아냈다. 그의 무릎에 얼굴을 묻고 흐느꼈다. 그와 함께 했던 기쁘고 슬펐던 모든 일들이 감은 눈 안으로 주마등처럼 떠올라왔다. 이제는 다시 맛볼 수 없는 우정에 가슴은 더 진하게 떨려왔다. 이렇게 힘들어 하는 친구를 위해 아무것도 해줄 것이 없는 내 무능력에 슬픔이 더 복받쳤다. 그때에 힘겹게 손을 들어 그가 내 어깨를 토닥였다. 지나가는 바람소리처럼 그의 음성이 따라왔다.

우지마라 인생은 울보를 기억하지 않는다.

그날, 그가 아닌 내가 울보가 되었다. 인생이 기억하지 않는 바보 울보. 그리고 열흘 뒤, 우지마라 그는 갔다. 더 이상 울지 않아도 되는 먼 하늘나라로…….

콜럼버스와 알탕

1

1492년. 콜럼버스가 신대륙을 발견하자 그를 시기하는 사람들이 수군거렸다. 그냥 가다보니 나온 것인데 그걸 누가 못해? 콜럼버스는 그들에게 삶은 달걀을 주며 세워보라 하였다. 둥근 달걀은 세워지지 않았다. 콜럼버스는 달걀의 밑동을 깨고 넓적한 부분을 탁자위에 세웠다. 사람들은 이렇게 말했다. 그렇게 쉬운 일을 누가 못하냐?

2

그로부터 500년이 더 지난 2014년. 콜럼버스는 또 다른 대륙을 발견하였다. 그때처럼 그를 시기하는 사람들이 수군거렸다. 그냥 가다보니 나온 것인데 그걸 누가 못하냐? 콜럼버스는 그들에게 또 삶은 달걀을 주며 세워보라 하였다. 사람들은 웃으며 달걀의 밑동을 깨어 탁자위에 세웠다. 콜럼버스는 다시 말하였다. 손도 발도 붙이지 말고, 깨트리거나 다치게도 하지 말고, 원래 그대로의 모습으로 서 있도록 해보시오. 둥근 달걀은 역시나 세워지지 않았다. 콜럼버스는 달걀의 양쪽을 잡고 팽이 돌리듯 힘차게 돌렸다. 빙그르르 돌던 달걀은 오뚝이처럼 벌떡 일어나 거짓말처럼 탁자위에 세워졌다. 사람들은 또 이렇게 말했다. 그렇게 쉬운 일을 누가 못하냐?

3

콜럼버스와 우지마라 닉을 병행해 쓰는 친구를 꼬드겨 허름한 술집의 문을 열었다. 홍어삼합. 문어숙회 등. 차림표엔 소주 열 병 쯤의 가격이 적혀있었다. 그도 나도 주머니 속은 말 그대로 빈사지경이었다. 이때에 콜럼버스가 말하였다. 저것 알탕 어때? 메뉴판 작은 글씨의 알탕을 가리켰다. 소주 세 병쯤의 괜찮은 가격이었다. 그래 알탕으로 하자. 대구 명태 거북이는 아닐지라도 도루묵이라도 생선이면 그런 대로란 생각에 알탕을 시켰다. 아니? 이게 무슨 알탕입니까? 김이 모락모락 피는, 주모가 들고 온 뚝배기 안엔 달걀노른자가 흰자와 뒤엉켜있었다. 알탕 주라면서요? 그래, 달걀도 알이다. 닭 알. 내 작은 중얼거림과는 달리 콜럼버스는 노기를 폭발시켰다. 이런? 망할. 야. 나가자. 그냥 내 보낼 주모가 아니었다. 뚜껑만 따고 한잔도 안 한 소주까지 다 물어주었다. 언제 우리 진짜 알탕 한번 먹자. 없는 설움에 겨워 콜럼버스와 나는 하늘을 쳐다보았다. 겨울비가 차갑게 온 대지에 내리퍼붓고 있었다.

4

그러고 20년쯤의 세월이 흐른 어느 날. 콜럼버스 아들의 연락을 받고 나는 알탕을 먹으러 갔다. 뚝배기는 아니라도 종이 그릇에 둥글둥글 작은 알갱이들이 깔린 진짜 알탕엔, 그때의 닭 알탕처럼 김이 모락모락 피고 있었다. 적당히 데워진 실내온도와는 달리 이상스레 내 몸은 가눌 수 없을 정도로 자꾸만 후들거려왔다. 더듬듯 소주병을 잡아 대폿잔에 따라 마시고 한 숟가락 알탕을 건져 올렸다. 억지로 목울대로 넘겨보지만 울음과 뒤섞인 알탕은 오히려 치받으며 올라왔다. 아닌 척 슬그머니 곁눈질을 해대니, 녀석. 미지의 세상으로 항해를 떠난 콜럼버스가 영정사진 속에서 빙긋, 웃음을 짓고 있었다. 그때처럼, 망할 놈의 겨울비가 차갑게 온 대지에 내리퍼붓고 있는데.

누가 담배를 피우나?

— 무엇인가를 먹거나 마시기 전에, 무엇을 먹고 마실지를 생각하기보다는 누구와 먹고 마실 것인가를 조심스레 고려해 보라. 왜냐하면 친구 없이 식사를 하는 것은 사자나 늑대의 삶이기 때문이다. —

내가 즐겨 쓰는 문구이지만 나는 이대로 실행을 못한다. 직업이 그래서이다. 오늘도 혼자서 점심을 먹으러 갔다. 좀 슬픈 인생을 나는 사는 셈이다. 어디 맛있는 걸 먹으려 해도 혼자는 참 안 된다. 그래서 찾는 곳이 중국집 아니면 국밥집이다. 시간이 좀 늦었다. 12시50분, 이 시간대를 어쩌면 나는 일부러 찾는다. 주인의 눈치를 보아야하는 나는 늘 혼자이기 때문이다. 빈자리가 많다. 당연하다. 배고프면 무엇이든 맛있다. 짜장면 곱빼기를 시켰다. 게눈에 뭐 감추듯 후딱 넘어간다. 잘 먹고 잘 싸는 게 우리네 건강엔 최고라 한다. 이쯤은 나도 잘 안다. 번개처럼 짜장면을 해치우고 중국집을 나왔다. 바람이 차갑다. 옷깃을 여미며 눈길을 던지다가 휑한 길가에 저 홀로 나 뒹구는 담뱃갑을 발견했다. 내가 가는 길목이다. 슬쩍, 생각 없이 발로 찼다. 차이는 폼이 묵직하다. 뭐야? 주워보니 역시나다. 한 개비가 없는, 온 담배가 그대로 들어있다. 이게 웬 떡이람? 얼른 주워 호주머니에 넣고 차를 탔다. 회사로 돌아오며 오만 생각이 머리를 스쳐왔다. 담배를 잃어버린 임자의 생각 때문이었다. 다시 보니 담뱃갑의 모서리가 쭈그러져 있다. 손에 쥐고 굴렸다는 증거다. 나만의 추리력을 내세워 담배 주인을 생각해 보았다. 우리네 나이께의 흡연자는 담배를 소중히 여긴다. 여긴다는 이유는 남모르게 피워야 된다는 뜻이다. 피우는 담배를 감추는 세상에 갑을 손에 쥐고 궁구는 용기는 더더욱 없다. 이 담배의 임자는 그래서 젊은 사람이다. 요즘 젊은이는 흡연에 미안함을 안 느낀다. 여자고 남자고 어디서건 당당하다. 담배 갑을 보통 손에 쥐고 다닌다. 버스나 기차, 비행기 타는 곳 등의 흡연실을 들여다보면 젊은 사람만 북적거린다. 공공장소에선 원칙이 담배를 못 피운다. 그리하여, 식후 연초는 불로장생이란 스스로 지어낸 문구에 의해 애연가는 식당 문 앞의 길거리에서 담배를 피운다. 내가 주운 담배 주인인 젊은이, 그도 짜장면 집 앞에서 담배를 물었을 것이다. 젊은 그는 당연히 주위를 안 가렸다. 많이 보아온 그림 속 풍경이다. 그도 빙글빙글 손 안에 담뱃갑을 굴려가며 맛나게 피웠을 것이다. 새것임에도 구겨진 담배가 그 뜻을 담고 있다. 그 시간에 새 갑을 뜯었으면 두 번째의 담배가 맞을 것이다. 하루에 두 갑을 피워대는 이 담배의 주인은 골초나 다름없다. 다 피우고 나서야 그는 들었던 담배를 품에 넣었다. 그것도 소중하게. 이게 그의 실수였다. 요즘 신세대의 옷, 티나 셔츠에는 왼쪽의 담배주머니가 없다. 그는 당연히 외투의 안자락, 우리가 속주머니라 하는 곳에 담배를 밀어 넣었다. 그게 삐쳐 나오며 길에 떨어졌다. 그러면 그는 왜 담배가 떨어진 걸 몰랐을까? 그는 외투가 아닌 잠바를 입었다. 잠바의 아래쪽은 허리에 둘러있어서 담배가 금방 떨어지지 않는다. 그러면 그가 왜 잠바를 입었다고 생각하나? 외투 즉, 예전엔 오바라 일컫는 옷을 입은 사람. 더 말하면 고급 화이트칼라는 거의가 짜장면 집에 안 온다. 잠바를 입는 공장직공 즉, 블루칼라라 일컫는 노동자가 즐겨 찾는 곳이 중국집이기에 이런 추론이 가능하다. 두터운 외투는 담배를 잘못 넣으면 흐름이 빨라서 이내 바닥에 떨어져 내린다. 골초가 이를 모를 턱이 없다. 잠바는 다르다. 오늘따라 바람도 거세었다. 매우 추웠다. 웅크림에 바빠서 잠바 안쪽 내피를 미끄러져 내린 담배가 길에 떨어져도 눈치를 못 챈 것이다. 담배를 흘렸음을 알았을 때엔 그의 차는 한참을 달려간 뒤이고, 그의 뒤로도 많은 사람들이 오갔을 중국집 앞길에 떨어져있는 담배는 누군가가 벌써 주워 갔을 것이라고, 그는 스스로 2,500원 거금을 주고 산 담배를 포기하였다. 그러면 그 담배가 어째서 내 수중으로 들어왔을까? 내 앞으로도 무수한 사람들이 지나갔는데. 사람들은 빈 담배 갑을 구기지 않고 그냥 버린다. 우리는 지나며 비어있을 줄 잘 알면서도 혹시나 해서 담배 갑을 발로 차본다. 빈 갑을 버리는 사람은 이 생각을 하며 웃음을 흘린다. 바보 녀석. 하며. 반면에, 담배가 들었음에도 빈 갑 인줄 알며 그냥 지나치는 경우도 많다. 내가 속을 줄 알고? 이번의 경우다. 길 언저리에 떨어져있는 담배 갑을 많은 사람들은 보았다. 모두 그냥 지나쳤다. 나만이 발로 차는 영광을 누린 것이다. 포기는 배추를 셀 때에만 쓰는 용어라는 것, 담배 주인인 그도 잘 알 것이다. 하지만 위에서의 언급처럼 비 흡연가도 담뱃갑을 보면 혹시나 하고 발로 차보는 세상이다. 어느 누가 한 개비 피우고 남은 담뱃갑을 줍지 않을까? 안타깝지만 그는 담배에 대한 자신의 권리를 포기하였다. 우연이지만 그 담배는 그렇게 해서 내 수중으로 들어왔다. 못난 경험에 의하면 얻어먹는 술이 참 달다. 길에서 주워온 담배도 참 달 것이란 생각에 담배를 한 개비 피워 물었다. 뽀얀 연기가 구름처럼 피어오른다. 엉뚱하게도 나는, 얼마 전에 하늘로 떠난 친구의 삶이 저 인공적으로 만들어진 구름과도 같았다는 생각을 떠올렸다.

담뱃값이 내년부터 2천원 껑충 뛴다. 보통은 4,500원 하게 된다. 담배 피우는 사람은 이제 모두 도둑놈 취급 받게 되었다. 도대체 담배는 누가 만들어 팔았고, 또 그렇게 피우지 말라 해도 끊지 못하는 인간들은 왜일까? 어느 잡지에서 본 일화가 생각난다. 외로운 사람이 있어서 아파 누워 몇 달을 보내다 인생 하직할 날을 얼마 앞두고 자원봉사자를 만났다. 그의 머리 위에 수북한 꽁초를 보며 봉사자가 말했다. 담배는 당신의 생명을 빨리 사라지게 한다는 것 잘 알면서 왜 피워요? 그가 말했다지. 당신들이 담배처럼 내게 친구로 다가온 적이 있나요? 최악의 상황에서 담배는 빛을 발하는 것 같다. 여기서 내가 같다라는 말을 씀은 그런 최악의 경우에 나는 아직 다다르지 않았기 때문이다. 외로움이란? 사전을 찾아보면 혼자 있어서란 답이 나온다. 담배를 금하라고 나무라기 전에 담배를 피우는 사람의 외로움을 덜해주기를 우리는 힘써야 하지 않을까? 담배보다 더 좋은 친구로 다가간다면 담배연기는 스스로 자취를 감추지 않을까, 나만의 생각일까?

❖ 천홍자

2015년의 봄

동동거리고 살다 보니 겨울이 지나갔고 어느새 봄이 내 곁으로 와서 목련 꽃을 피웠다. 노란 개나리며 민들레 벚꽃이 만발하게 피어 봄은 가고 있는데 나는 어디로 가고 있는지 꽃 비를 맞으며 길을 걸었다. 발길에 차이는 꽃잎이 내 맘 같아 자꾸 눈길이 간다. 자연에서 얻는 즐거움보다 마음이 통하는 사람과 만나서 나누는 기쁨이 더 감동적이고 봄 햇살보다 따뜻하다는 것을 알면서도, 실천하지 못하고 바보처럼 살아가고 있다. 며칠 전에는 사촌 언니가 췌장암으로 세상을 떠났고 결혼도 하지 않은 조카도 암 투병으로 죽을 날 받아 놓고 있다는 소식에 얼굴에 웃음기가 사라졌다. 주변 사람들이 건강하고 행복했으면 좋겠는데 우울한 소식에 밥맛도 없고 입맛도 없고 기운도 없다. 빨리 이 우울함을 떨쳐내고 가슴까지 전해지는 봄을 맞이해야 할 텐데 겨우내 간신히 넘겼던 감기몸살이 났다. 과로 때문인 줄 알면서도 예전과 달리 몸이 아프면 덜컹 겁부터 난다. 병원 가서 링거까지 맞고 일 욕심을 조금 내려놓으니 한결 마음이 편해졌다.

휴식이 필요할 때 늘 찾는 곳이 석촌호수다. 많은 사람의 애환과 사연과 희로애락을 끌어안은 호수는 말이 없다. 죽었다가 봄만 되면 살아난

1959년 경북 봉화 출생
《문학사랑》 수필부문 신인 문학상 수상 (2008년)
《휴먼 메신저》 봄호 시 부문 신인상 수상 (2009년)
대한사이버문학 동인
kr6815@hanmail.net

다는 버스커버스커의 벚꽃 앤딩이 호숫가에 싱그럽게 발랄하게 울려 퍼진다. 노래 한 곡으로 일 년에 몇십억씩 수입을 올린다고 하니 돈복 있는 사람은 따로 있는 게 아닌가? 맥이 풀릴 때도 있지만 각자 서 있는 자리에서 최선을 다하는 삶도 충분히 값어치가 있다. 마침 정오의 희망곡 생방송이 진행되고 있어서 그야말로 석촌호수는 축제 분위기다. 핑크빛 나무 아래 청춘남녀 한 폭의 수채화처럼 아름답다. 다시 그 시절로 돌아갈 수는 없다 하더라도 지금 내가 누릴 수 있는 즐거움이 많을 텐데 삶의 여백 하나 없이 사는 것이 과연 잘 살아가는 길인지 나 자신에게 질문을 던져보지만 아직은 일을 해야 하고, 일이 우선이라는 결론 밖에 뚜렷한 해답이 없다.

고단한 일상에 짓눌려 넋두리 같은 글을 멈추고 좀 더 다양한 경험과 안목으로 좋은 글을 쓸 날이 올 거라는 희망 하나 가슴에 품으니 그래도 견딜만하다. 인생사 새옹지마니…

2015년의 봄은 내 인생의 전환기다. 예쁜 손주도 태어났고 웬수 덩어리 같던 딸도 결혼한다. 성격이 너무 달라 떨어져 있으면서 서로 그리워하는 사이가 되기를 간절히 바랐지만 막상 그런 세월이 다가오니 지지고 볶은 세월만큼 시원섭섭하다.

스스로 잘 커 주기만을 바랐던 못난 엄마와 관심과 사랑이 필요했던 딸과의 전쟁, 서로의 부족함을 꼬집으며 생채기를 냈던 지난날이 가슴이 아파 메마른 가슴에 말라붙은 눈물까지 쏟아냈다. 살다보면 부족한 엄마의 자리도 꼭 필요할 날이 있을 거라 위로하며 온기를 나누었다. 서로 잘 살면 어떤 허물도 덮어지는 게 부모 자식 간이 아니던가. 다 떠나보내고 홀가분한 마음으로 인생 후반을 준비한다고 생각하니 한편으로는 걱정도 되지만 마음이 설레기도 하다. 지금까지 많은 시간을 가족을 위해 살았다면 앞으로 남은 시간은 나를 위해 살아야지…

물질은 마지막 남는 자의 것이라고 아등바등 살 필요 없다고들 하지만 나의 마지막 인생을 위해 또 남은 누군가를 위해 아프다고 눕지 않고 힘들다고 앉지 않는 것이 미련한 짓이라 해도 훗날 열심히 살았다는 자부심 하나는 남지 않을까 싶다.

아무튼 집안에 며느리와 사위 새 식구가 둘이나 들어오니 생각이 많아진다. 내 것이라고 움켜쥐고 있던 것들을 하나씩 놓으니 마음은 가벼워졌지만 부모 자식 간의 인연이 그리 가벼운 것은 아니니 서로를 알아가는 과정이 순탄하기만을 바랄 뿐이다.

꽃샘추위도 끝나고 봄비까지 대지를 촉촉이 적셨으니 이불도 바꾸고 두꺼운 외투는 세탁소에 맡기고 서랍장에 옷을 다 꺼내서 정리했다. 앞으로 입을 옷은 꺼내기 쉬운 윗 칸으로, 철 지난 옷은 아랫 칸으로, 아깝다고 버리지도 못하고 서랍장만 차지하고 있는 옷은 과감하게 분리수거함으로 밀어 넣고, 쌓였던 먼지까지 털어내고 나니 마음속까지 진정한 봄이 온 것 같다.

방이동 먹자 골목

방이동은 가장 전형적인 야누스의 얼굴을 가진 유흥지대다. 낮에는 인근 직장의 넥타이 부대들이 점심 한 끼를 해결하는 곳이지만 밤만 되면 온통 쾌락과 향락의 소음만이 넘실대기 때문이다. 음식문화가 발달한 곳이라기보다는 사실은 음란퇴폐 골목이라고 해야 맞다. 곳곳에 미인촌과 모텔들이 들어서 있기 때문에 가족 단위로 식사를 위해 이곳에 오는 경우는 거의 사라졌다. 아마 전국 어디에도 먹자골목에 이처럼 많은 모텔이 있는 곳은 없을 것이다. 미니스커트에 팔짱 낀 청춘남녀는 물론이고 중년의 나이에 남몰래 짜릿한 로맨스를 꿈꾸는 커플들은 오빠오빠 자기자기를 남발하며 뭇 남정네를 향해 흘기는 눈웃음이 그리 아름답지는 않더라도 엄마의 자리, 아내의 자리, 살림의 굴레에서 벗어나 짜릿한 일탈에 행복해하는 중년 아줌마의 모습이 짠하기도 하고 사랑스럽게 보일 때도 있다.

추리닝 바지에 꼬질꼬질한 모습으로 밥상을 차리는 아내의 모습에 실망한 남편들은 퇴폐유흥업소를 찾아 분내 나는 아가씨들의 미소에 푹 빠져들지만, 여자 때문에 회사를 잃고 가정을 잃고 향락의 고리를 끊지 못해서 패가망신하는 사람들이 수두룩하다.

"결혼은 미친 짓이다"를 외치며 일탈을 꿈꾸는 사람들, 하룻밤 풋사랑으로 정답을 찾을 수 있다면 좋으련만 정답이 없는 정답을 찾아 헤매는 유흥업소 밤거리는 위태롭기만 하다. 행복지수는 각자의 몫이겠지만 새벽까지 술잔을 놓지 못하는 사람들의 마음은 어떤 것일까.

먹자골목은 날마다 취해있다. 지금은 경기가 좋지 않아서 먹자골목 상인들도 울상이다. 주로 모텔을 이용하는 고객이 많다 보니 북적거리는 유동인구에 비해 매출은 크지 않다. 높은 권리금을 주고 들어온 가게 주인들은 롯데몰을 이용하는 유동인구에 콩고물을 기대하고 있지만, 연일 뉴스 머리를 장식하고 있는 싱크홀이니 부실공사니 하는 불안감 때문에 걱정이 많아졌다.

5,000원짜리 식사 플래카드가 위태로운 바람에 휘날리는 거리에 해마다 가게 세는 오르고 인건비도 오르고 겉모습은 화려하지만 가슴은 숯덩이가 되어간다는 상인들, 온전한 자리를 잡으려면 최소 2, 3년은 더 있어야 된다고 하니 잠실 뻘의 봄은 기다림의 연속이다.

주변에 방이중학교와 주택이 맞닿아 있어서 어린이나 청소년이 있는 가정은 이사 오기를 꺼리고 사는 사람들도 떠나고 있지만 여전히 인구가 몰리는 지역이다 보니 월세나 전세값은 높은 편이다. 전세값이 높은 만큼 누릴 수 있는 혜택도 많다. 자영업자들은 나름대로 애환이 많을지라도 실제로 송파구민들의 지역 만족도가 최고라고 하니 단점은 피하고 장점의 혜택을 누리면서 살고 있다.

시간이 빡빡해서 멀리 여행이나 산에 갈 수 없을 땐 올레길이 많은 올림픽 공원을 한 바퀴 돌고 나면 도시의 갈증도 조금은 해소되고 여행을 다녀온 기분이 들기도 해서 난 오랫동안 여기서 살 생각이다. 앞으로 주택 지역과 학교 주변에 있는 모텔 이전을 고려하고 있다고 하니 새로운 변모를 보여줄 수 있을지 동네 주민으로서 그 모습이 기대된다.

❖ 한선주

두부 향속에 깃든 할머니의 그리움

어둠이 물러가고 동녘이 붉게 물드는 의령의 시골마을을 지나다가 두부장수를 만났다. 0.5톤짜리 작은 차에 두부 판을 싣고 '두부 왔어요. 두부' 확성기로 외치는 두부장수가 하도 신기하여 차를 세웠다. 마트가면 값싸고 좋은 두부가 많이 있는데 누가 저 차에서 두부를 살까? 하지만 그건 기우였다. 차는 내가 세웠는데 몇 집 안 되는 주민들이 모조리 나왔지 싶은, 너도나도 양푼을 들고 두부를 사러온다. 새벽에 만들어왔다는 진짜 김이 모락거리는 생 두부는 또 어떤 맛일까? 한모 사보려고 주민들의 뒤를 따르다가 나도 모르게 피식 웃음이 터져 나왔다. 두부장수가 두부보다 더 싱싱한 젊은 청년이기 때문이다. 아버지의 두부공장에서 일한다는 젊은이는 녹음이 아닌 생 목소리로 '두부왔어요' 를 내 앞에서 외치며 싱겁을 떨었다. 일자리가 없다고 불평만 해대는 젊은이보단 그래도 생동감이 넘쳐서 보기는 좋다만 두부장수라니? 그것도 시골에서, 웃음이 자꾸 떠나지 않는다.

내 기억의 두부장수는 수염이 허연 할아버지였다. 양쪽으로 두부 통이 걸린 기다란 장대를 어깨에 걸머쥐고 둥그런 종을 울리며 어둠을 쫓아내던 할아버지는 연세를 짐작하지 못할 만큼 하얀 수염이 너무 짙어

1958년 경남 합천 출생
현) 대구 달성 거주
계간 《문학사랑》 수필 부문 신인상 당선
대한사이버문학 동인
tjswn112@hanmail.net

있었다.

산골에 살던 때엔 나는 두부를 먹어본 기억이 별로 없다. 열 살 나던 해에 대구로 이사 와서 두부장수 할아버지를 보며 두부의 참 맛을 알게 되었으니 나는 한참이나 촌뜨기였다. 다닥다닥 게딱지처럼 붙은 달동네의 새벽을 깨우는 몫은 시골처럼 수탉이 아닌 두부장수 할아버지였다. 뎅그렁 뎅그렁 종을 울리며 가파른 고갯길을 오르내리던 할아버지의 수염을 보며, 나는 엉뚱하게도 고향 교회에서 만나던 산타할아버지를 연상하곤 했었다. 어쩌다 집 앞에서 할아버지가 멈추면 할아버지는 산타라서 선물을 주고 가지 싶어서 냉큼 일어나 나가려 했었다. 하지만 할아버지는 내가 나설 틈도 주지 않고 다시 종을 울리며 멀어져 갔다. 종소리를 잡지 않는 할머니에게 원망의 눈초리를 보내면 슬며시 외면하던 할머니의 옆모습이 지금도 눈에 아른거린다.

어머니와 아버지는 내가 눈을 뜨기 전에 일터로 나가셨다. 그 덕에 아침은 언제나 할머니의 몫이었다. 소금을 잔뜩 친 무김치가 전부였던 아침상에 두부한모는 정말이지 사무치는 그리움이었다. 두부장수의 종소리가 집 앞길을 지날 때면 언니와 오빠도 나처럼 할머니에게 애걸의 눈빛을 모아 보냈다. 못 본 척 돌아앉는 할머니의 등허리에는 언제나 싸늘함이 배어있었다. 지지리도 못난 가난에 두부를 그리는 손녀의 소원을 들어줄 수 없는 할머니의 애달픔을 그때의 어린 내가 어찌 알 수 있었을까.

산골 고향에 살 적엔 부끄러움을 몰랐었다. 모두가 고무신을 신고 모두가 보리밥을 먹었기 때문이었다. 도시는 가난이 표가 났다. 보통의 아이들은 윤이 자르르 넘치는 쌀밥에 두부전은 보통이고 쇠고기 장조림도 싸왔다. 꽁보리밥에 무김치만 도시락에 넣어주는 할머니가 미워서 도시락을 두고 학교에 간적이 한 두 번이 아니었다. 부끄러워 밥을 먹지 못하고 도시락을 도로 가져온 날도 많았다. 집에 돌아오면 나는 할머니에게 늘 생떼를 썼다. 그럴 때면 할머니는 아무 말 없이 고향 쪽 하늘만 바라보았다. 할머니의 눈언저리에 맺히던 눈물을 애써 외면하던 나는 참 못난이였다.

두부에는 골격을 구성하는 여러 가지 생리기능을 조절 유지하는 무기물이 풍부하게 들어있다. 특히 칼슘은 우유에 버금가는 수준을 가지고 있다. 당연히 자라는 아이들에겐 필수의 식품이다. 이런 것까지야 그때의 할머니가 아실 리는 없지만. 그래도 아이들이 꼭 먹어야할 식품이란 것쯤은 아셨을 것이다. 지금이야 안중에도 없는 두부 한모다. 굳이 먹으려고 하지 않지만 마음만 먹으면 어디서건 쉽게 구할 수가 있다.

젊은 두부장수가 건네준 두부를 한 입 쏙 베어 물었다. 향긋한 두부향이 코끝을 간질인다. 붉게 물드는 동녘의 하늘을 바라보았다. 멀어져가는 종소리를 놓치지 않으려는 어린 손녀의 배고픔을 안타까이 지켜보아야 했던, 내 할머니의 고달픔이 두부 향속에서 우러나온다. 나는 돈을 벌면 제일 먼저 두부를 사서 할머니께 갔다 드리려했었다. 애석하게도 할머니는 내 손으로 산 두부를 드시지 못하였다. 내가 철이 들었을 때에 할머니는 내 곁에 계시지 않았기 때문이었다. 할머니를 생각하니 눈물이 핑 돈다. 그래서인지 두부가 목에 걸려 넘어가지 않는다.

걸어야 산다

걸으면 건강하다 걸어서 가자. 초등학교 때 배운 노래가 이직도 기억에 선명하다. 그때에 우리는 학교 조회 끝나고 교실에 들어가며 이 노래를 불렀다. 고학년은 노래에 맞춘 포크댄스를 운동회 때에 추기도 하였다. 걸으면 건강하다. 변변한 교통시설이 없던 그 시절에야 걷기가 일상이었지만, 건강을 핑계로 노래까지 만든 것 또 왜일까? 궁핍한 삶이 독재정권의 항거로 나올까 두려운 위정자들의 음흉한 속셈임은 어린 그때의 우리는 알 수가 없었다. 걷지 않으면 모든 생활이 이뤄지지 않는 세상에서 어쩌면 건강이란 핑계는 고달픈 백성에게 위안으로 작용하였다.

자가용 시대인 요즘은 부러 아니면 걸을 이유가 없어졌다. 실내에서 편한 생활을 하다 보니 몸은 불어나고 그래서 많은 사람들이 성인병에 고생을 한다. 부실해지는 다리의 근육을 키우려 않고 대중교통을 이용하면서도 단 한 불럭 걸으려도 하지 않는다. 이런 현대인들을 비꼬아 돈 버는 일 아니면 침대에서 떠나라고 현자는 외치지만, 휴일이면 침대위에서 리모컨을 들고 빈둥거리는 많은 사람들에겐 소귀에 경 읽기나 뭐가 다를까.

내가 다니는 직장은 버스로 한 시간쯤의 거리에 있다. 열 시간쯤의 일을 하고 또 한 시간쯤 돌아와야 하니 집에 오면 몸뚱이는 파김치가 된다. 종일 앉아서 하는 일이라 건강을 생각하여 늦저녁이라도 잠깐 걸어주면 좋으련만 피곤하니 모든 것이 귀찮아서 그냥 누워버린다. 보도에 의하면 앉아 일하는 사람보다 서서 일하는 사람이 더 건강하다 한다. 이 말을 꼭 믿는 건 아니지만 무릎 쪽이 시큰거릴 때도 있어서 나는 퇴근 때에는 두 정류장 못미처서 버스를 내린다. 작은 거리라도 좀 걸어보자는 나름대로의 건강을 위한 작전에서이다. 버스를 타서도 이 계산을 나는 적

용한다. 직장에서 실컷 앉아 있으니 버스 안에서라도 좀 서서 가자는, 그렇지만 내가 버스를 타고 내리는 곳은 종점지대이어서 빈자리가 많다. 자리가 많음에도 서서 빈둥거리면 기사아저씨의 눈치도 있고 해서 앉아서 간다.

불경기는 내가 다니는 직장에도 불어 닥쳤다. 일거리가 없어서 하루를 다 못 채우고 일찍 퇴근하기 다반사다. 오늘도 예외는 아니다. 주문량이 적어서 오후 참 먹을 시간에 일은 끝나버렸다. 적어지는 급료에 짜증은 나지만 집에 일찍 간다는 구실에 마음을 다스린다.

바쁜 퇴근시간이 아니어선지 버스 안은 빈자리가 넉넉하였다. 그냥 앉으면 좋으련만 빈자리에 붙은 표지판이 또 내 신경을 건드렸다. 노약자석. 임신부석. 버스의 반이나 되는 자리에 붙은 표시 글이다. 아직 할머니 소리 듣지 않는 나는 여기에 앉을 자격이 없다. 늘 앉아 일하는 나는 서서 가는 편이 또 건강을 위해서는 낫다. 그래도 적지 않은 키에 홀로 서 있으면 불안해하는 사람들 보는 눈이 있으니 앉아야 한다. 형편없는 생각으로 주춤대는 사이에 버스는 다음 정류장에 도착하며 빈자리를 다 메워버렸다. 뒤늦게 올라온 허리가 많이 휜 할아버지는 자리를 못 잡았다. '누가 자리 좀 양보해주지' 내 속말을 알아듣기나 한 것처럼 젊은 아주머니가 용감히 일어났다.

"할아버지 여기 앉으세요."

어련하련만 나는 언제나 이런 식이다. 내가 자리를 만든 것처럼 호들갑을 떨었다. 그런데 체구가 작은 한 여인이 내 겨드랑이 사이로 휙, 하고 지나가더니 먼저 덜컥 앉아버린다. 어처구니 없어서 뻔히 바라보는데 뒤따라온, 유치원생으로 보이는 아이를 대신 앉히고 자신은 일어난다. 평상시엔 갓 시집온 새댁 같은 내 성격이 이럴 때엔 로켓처럼 폭발한다. 평소 수양이 덜 된 탓임은 나도 인정한다.

"할아버지 앉을 자리니 비켜주세요."

억지로 참으며 웃음을 짓자니 속이 뒤집어지지만 화를 내면 내가 더 우스운 사람이 된다. 먼저 상냥하게 나오면 젊은 여인도 상황을 파악하고 냉큼 일어서기가 편할 것이다. 내 예상은 보기 좋게 빗나갔다.

"자리에 이름표라도 달아 놓았나요? 먼저 앉으면 임자지."

되레 입을 삐죽이며 내게 눈을 흘긴다. 한 눈에도 여간내기가 아님이 표가 난다. 그렇다고 물러설 내가 아니다.

"순서로 보나 나이로 보나 어르신이 먼저 아닌가요? 그리고 그 자리는 분명 노약자 자리라고 써져있는데"

어쩌면 내 큰딸보다 더 적은 나이일지도 모르는 여인의 눈이 이글거리는 용광로를 닮았다. 불을 토해내듯 마구 악다구니를 쏟아낸다.

"아이가 졸려서요. 아이는 약자잖아요. 왜 그리 딱딱거려요?"

얼마나 악을 쓰는지 입에서 거품이 다 흘러나왔다. 아이는 한 술 더 뜬다. 가자미눈으로 나를 째려본다. 여차하면 내 머리끄덩이라도 잡아 끌 표정이다.

"아니, 그러면 아이가 졸려서 앉았습니다. 미안해요 하면 되지 싸움질이라도 하려는 듯 왜 그리 악을 써요?"

할아버지가 내 허리를 찝쩍거리고 뒷자리 할머니가 그만 참으라며 눈을 찡긋거리기 망정이지 아니면 나는 여인의 멱살이라도 잡아서 아이를 일으켰을 것이다. 홧김에 다음 정류장에서 내려버렸다. 저 여인은 걸으면 건강하다는 그때의 노래를 기억하지 못할 것이다. 그래 참자. 속을 꾹꾹 눌러 앉히자니 눈물이 다 나온다. 글을 접하며 동아리 모임에도 나가며 수양을 많이 쌓았다 자부하는 데도 천성은 사그라지지 않나보다.

버스를 타도 길어야 한 시간쯤이면 목적지에 도달한다. 앉아가는 것이 좀 편할 수는 있지만 나이든 어른을 곁에 세워두면 마음은 영 무겁다. 어른이 자신의 부모님이라 생각해 보자. 차라리 서서 가는 편이 훨씬 낫다.

걷기는 걸어서만 운동이 되는 것이 아니다. 버스에 서서 가는 것도 요령만 알면 많은 운동이 된다. 두 다리로 쏠리는 몸무게의 균형을 맞추려 애쓸 필요가 없다. 한쪽다리로 무게를 흘려 놓고 한쪽다리는 자유롭게 하다가 다리를 바꿔가며 발뒤꿈치를 흔들거리면 걷기 못지않은 운동효과를 얻을 수 있다. 내가 지어낸 이야기가 아니다. 책에서 읽은 건강도사의 강연 내용에서 배웠다. 정강이쪽에 힘을 가해주면 더 많은 운동효과를 얻을 수 있다고 한다. 나이 많음을 핑계로 기를 쓰고 앉으려는 어른들을 보면 측은한 생각까지 든다.

어딘지 모르면서 버스에서 내린 나는, 팔자에도 없는 걷기 운동을 신물나게 하였다. 부러는 하지 못하는 걷기운동을 실컷 하였으니 다투었던 젊은 여인에게 감사하다는 마음을 가져야함에도, 못된 속물은 집에 도착하여서도 부아가 가라앉을 줄 모른다. 나이 헛살았다는 증거가 아닐까? 반문해 본다.

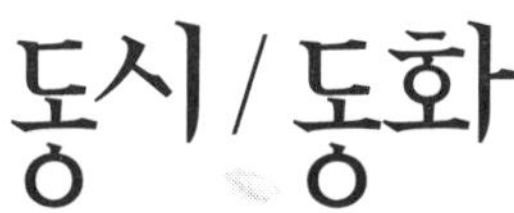

동시/동화

동시_ **박은경** 사월의 눈

동화_ **정이식** 소리를 찍는 사진기 외 1편

❖ 동시 | **박은경**

사월의 눈

톡톡톡
창 밖에서
나를 부르는

사월의
싸라기 눈
무엇을 할까

눈사람
눈싸움도
할 수가 없네

시루에
담아 찌면
백설기 될까

1961년 서울 출생
고교 졸업후 미국에서 어학, 교육신학 수료
계간 《문학사랑》 수필 부문 신인상 당선
(사)문학사랑문인협회 회원, 대한사이버문학 동인
현재 미네소타 주에 거주
ugk7439@hanmail.net

❖ 동화 | **정이식**

소리를 찍는 사진기

"할머니"

준철이가 할머니를 부릅니다. 오늘은 4학년 학급 전체가 소풍을 가는 날입니다.

"일어났어? 아침은?"

폐지가 가득 담긴 낡은 유모차를 구석에 밀쳐놓으며 할머니가 들어옵니다.

"오늘 소풍가요. 할머니."

옷을 주섬주섬 꿰어 입으며 짜증 섞인 목소리로 할머니를 바라보는 준철이의 머리가 까치집입니다.

"에구. 뭔 머리가 그래? 김밥, 할머니가 새벽에 말아 놓았잖아. 가져가."

"웬 김밥은요?"

"소풍은 김밥이 최고야. 맛있게 만들었다."

할머니가 꺼내놓는 김밥을 물끄러미 바라보는 준철의 얼굴은 자꾸만 일그러집니다.

"돈만 있으면 되는데 김밥은 무슨?"

1954년 경남 산청 출생, 현) 경남 진주 거주
《문학사랑》 신인작품상 수상. 〈경남신문〉 신춘문예 동화 당선
제24회 《문학사랑》 인터넷문학상 수상
제34회 근로자 문학제 은상 상
글동네 문학상 수상 (2011)
한국문인협회. 문학사랑문인협회. 경남아동문학회,
한밭아동문학회. 대한사이버문학 동인
cis1623@hanmail.net, 010-4800-1623

"준철아. 일주일 쓸 용돈은 그제 타갔잖아. 뭔 돈을 또 달라는 거냐?"

"소풍이잖아요? 소풍. 할머니 그깟 쥐꼬리만 한 용돈 벌써 다 썼어요."

식식거리며 대어드는 준철을 할머니는 안쓰럽게 바라봅니다.

"촌스럽게 누가 김밥을 가져간대요? 돈이나 줘요. 할머니."

할머니는 김밥이 든 도시락을 공처럼 발로 굴리는 준철의 옆구리를 푹, 쥐어박았습니다.

"너, 받는 용돈이 얼만데? 그 돈 외엔 더 안 쓰기로 했잖아. 돈 없다."

획, 돌아앉는 할머니를 보며 준철이는 화를 냅니다.

"에잇. 이딴 김밥. 거지도 안 먹겠다."

준철이의 발끝에 채인 김밥이 우르르 나뒹굽니다. 놀란 할머니가 뭐라 할 틈도 없이 준철이는 집을 뛰쳐나왔습니다.

"준철아. 준철아."

문 밖을 나서며 부르는 할머니의 목소리가 봄바람에 실려 준철이를 따라옵니다. 준철이는 두 귀를 막으며 구부러진 강둑길을 따라 온 힘을 다하여 달려갑니다. 물 버들이 소복이 모여 있는 곳에 와서야 달음질을 멈추었습니다. 되돌아보니 할머니도 집도 보이지 않았습니다. 뭉글거리듯 피어오르는 물안개만 돌아갈 길을 하얗게 덮고 있습니다. 준철이는 돌을 하나 주워 강물에 힘껏 던졌습니다. 언제였던가? 엄마 돌아가시기 전에 이곳에 온 적이 있다는 생각이 문득 떠올라왔습니다. 갑자기 엄마가 보고파졌습니다.

"엄마!"

준철이는 두 손을 모으며 큰소리로 엄마를 불렀습니다.

"누구니? 엄마를 왜 여기서 불러?"

물 버들 뒤에서 사람이 쑥, 나왔습니다. 안개를 흠뻑 뒤집어쓴, 틀림없는 유령입니다.

"누, 누구세요? 아줌마는."

놀란 준철은 걸음을 뒤로 물리며 다급히 소리쳤습니다. 다시 보니 유령은 아니고 사진기를 들고 있는 엄마 나이께의 아줌마입니다.

"응, 아줌마는 사진작가야. 오늘처럼 물안개 피는 걸 찍으려고 며칠을 죽치고 있었단다. 너는 어디 사니? 근처엔 마을도 없는데."

"그럼 계속 사진 찍으세요. 저는 그냥 지나가는 중이에요."

"얘, 잠깐만. 무슨 애가 안개처럼 사라지려 하니? 엄만 왜 찾았어? 엄마 어디 가셨니?"

사진기를 만지작거리며 작가 아줌마는 준철이 쪽으로 다가옵니다.

"아니요? 알 것 없는데요? 그런데 아줌마. 아무것도 안 보이는데 뭘 찍어요?"

뒷걸음치다 돌아서려던 준철이의 맘속으로 작가 아줌마가 엄마라면 참 좋겠다는 생각이 따라옵니다. 이렇게 자신에게 다정히 말을 걸어주는 사람 또한 없었기 때문입니다.

"아줌마는 소리를 찍고 있어."

"소리요? 소리가 보여요?"

"그럼? 안개 속에 숨은 봄의 소리를 찾아 사진기에 담으려는 게지. 네가 돌을 던지면서 엄마하고 불렀잖아. 첨벙 소리 속에서 네 엄마의 소리가 들렸어. 아줌마는 그런 소리를 사진기에 담고 있는 거야."

"말도 안 되는 소리마세요. 소리를 찍는다니, 아줌마 유령이에요?"

말대꾸를 하면서도 준철이의 호기심 어린 눈길은 아줌마의 사진기에게로 갑니다. 아줌마는 정말로 소리를 찍고 있는지도 모른다는 생각이 들었습니다.

"어리다고 막 대하지 마세요. 그럼 죄 받아요. 저는 갈 거예요."

힐긋, 다시 아줌마를 바라보다 돌아서 달려가는 준철이의 귓전으로 아줌마의 꾸중 섞인 목소리가 따라옵니다.

"엄마가 대답할 사이도 없이 그렇게 돌아서 가면 어떡해?"

엄마 이야기에 발목이 잡히어 몇 걸음 못 달리고 준철이는 섰습니다. 혹시나 엄마의 대답이 들리지 않을까? 거짓인 줄 알면서도 마음이 끌리어 기어이 뒤돌아 보았습니다. 작가 아줌마는 안개에 가려 보이지 않습니다. 타고 온 승용차만 덩그러니 둑 위에 서 있습니다. 준철이는 무엇에 끌리기라도 한 것처럼 반쯤 유리가 내려진 차 곁으로 다가갔습니다. 운전석 안을 무심히 들여다보다 흑. 하고 짧은 신음을 토해냈습니다. 지퍼가 열린 커다란 가방 안에 보라 빛 지갑의 한 귀퉁이가 보여서입니다. 순간이지만, 저기엔 돈이 들었을 것이란, 그 돈만 가지면 소풍을 갈 수 있으리란 무서운 생각이 들었습니다. 보는 사람은 없고 설사 내가 가져간 걸 알았다 해도 아줌마는 나를 찾지 못할 것이란 편한 대로의 생각이 쉴 새 없이 가슴을 콩닥거리며 몰려다녔습니다. 혹 보는 누가 있을까? 이리저리 휘둘러보지만 지독스런 안개만 거머리처럼 차 주위에 달라붙어 있을 뿐 바람마저도 잠잠합니다.

'이런 안개 속에선 하느님도 부처님도 절대로 나를 볼 수 없어.'

준철이는 스스로 답을 내리고 큰 숨을 몰아쉬며 손을 차안으로 넣어 지갑을 꺼내었습니다. 그리곤 얼른 돌아서서 강둑을 달려 나왔습니다. 누군가 쫓아오는 것 같아 숨이 하늘 끝에 닿을 때까지 달음질을 했습니다. 구부러진 강둑을 돌아 나와서야 멈추어 서며 지갑을 열었습니다.

"에게. 뭐야? 겨우 2만원?"

그래도 이게 얼만데 하며 돈은 호주머니에 넣고 지갑은 멀리 강안으로 던졌습니다. 가슴은 쉼 없이 콩닥거리지만 일단은 큰길로 나가야 했습니다.

"택시. 택시."

아무래도 시간이 모자랄 것 같아 택시를 타려 하였으나 오늘따라 빈 차 잡기가 쉽지 않습니다. 겨우 빈차가 오나 싶은데 발 빠른 할아버지에게 우선권을 빼앗겼습니다.

“바빠서 그러는데요. 학교 쪽으로 가면 태워주세요. 차비는 드릴게요.”

준철이는 답도 기다리지 않고 할아버지의 옆자리에 냉큼 올라앉았습니다.

“허허. 녀석, 매우 당돌하구나. 기사양반 그럽시다. 같이 타고 가지 뭐.”

기분 좋게 웃는 할아버지는 준철이의 옆구리를 슬쩍 건드립니다.

“학교 가는 놈이 왜 책가방이 없냐?”

“소풍을 가거든요?”

자꾸 쳐다보며 실실 웃는 할아버지가 좋게 안보여서 준철이는 퉁명스레 말을 뱉었습니다. 집은 어디냐, 공부는 잘 하냐? 몇 학년이냐, 할아버지는 이것저것 물으며 자꾸 준철이의 옆구리를 찝쩍였습니다. 화등잔처럼 눈만 크게 뜨고서 준철이는 입을 꾹 다물었습니다. 학교에 다가가자 준철이는 택시비를 주려 호주머니의 돈을 찾았습니다. 징글맞은 할아버지에게 공짜 차를 타기가 싫었습니다. 차비를 주고도 쓸 돈이 남기 때문입니다.

“엇? 돈이, 돈이 없네.”

어찌된 셈인지 2만원의 돈은 주머니에 없습니다. 이리저리, 아무리 뒤져도 돈은 나타나지 않았습니다. 강가를 달려와 택시를 타기 직전까지도 호주머니에서 만져지던 돈 입니다. 그렇다면? 틀림없이 이 할아버지가 범인이란 생각이 불같이 준철이의 머리에서 일어났습니다. 자꾸만 옆구리를 쥐어박던 행동도 수상하였습니다. 돈은 그쪽 주머니에 있었습니다.

“할아버지 내 돈 가져갔죠? 돌려주세요.”

준철이는 할아버지에게 손을 내밀었습니다.

“뭔 소리냐? 내가 도둑질이라도 하였단 말이야? 고놈 참 맹랑하네.”

“시침 때신다면 저도 막 갈 거예요?”

"난 아무것도 네게서 안 가져왔다. 네 맘대로 해 보렴?"

할아버지는 또 실실 웃었습니다. 준철이는 화가 났습니다.

"기사 아저씨. 파출소로 가주세요. 할아버지 몸을 뒤지면 내 돈이 나올 거예요."

놀란 기사 아저씨가 작은 거울로 준철이를 바라봅니다.

"어서요. 안 그러면 경찰서에 직접 신고 할 거예요."

"허허 참. 기사 양반 이 아이 말대로 해 주시구려. 그래야 내가 누명을 벗지."

전화기를 매만지는 준철이를 힐긋거리며 기사 아저씨는 할아버지의 말대로 경찰 지구대로 택시를 몰았습니다.

"이 아이 말대로 내 몸을 뒤져 주시요."

사정을 설명 듣고도 머뭇거리는 경찰 아저씨에게로 할아버지는 한발 더 다가섰습니다. 어쩔 수 없다는 듯 얼굴을 찡그리며 경찰 아저씨는 할아버지의 몸을 뒤졌습니다. 하지만 준철이의 돈은 나오지 않았습니다. 할아버지에게도 돈은 있었지만 준철이가 보기에도 그 돈은 아니었습니다.

"네가 잘 못 보았구나. 어른을 욕되게 하였으니 어서 잘못을 빌고 용서를 구해라."

경찰 아저씨의 나무람에 준철이는 고개를 푹 숙였습니다. 스르르, 무릎이 꺾이며 손으로 땅을 짚었습니다.

"제가 잘못했어요. 할아버지. 용서해주세요."

말끝이 울음으로 범벅되어 눈물이 펑펑 쏟아져 내렸습니다.

"일어나라. 그럴 때도 있지. 그나저나 너 소풍 간다고 했지? 돈을 잃어버려 차비조차 없을 것 아니니? 이것 받아라. 택시 아저씨가 아직 있으니 빨리 가면 시간 내에 도착할거야."

준철을 일으키며 할아버지는 지갑에서 빳빳한 새 돈 3만원을 꺼내어 손에 쥐어주었습니다. 이건 아닌데 하면서도 준철이는 돈을 뿌리치지 못하였습니다. 멍하니 땅바닥만 바라보고 있는 준철이를 택시 아저씨는 빨리 가자고 독촉하였습니다.

"어르신 훌륭하신 인품에 제가 반했습니다. 타라. 차비 안 받고 학교까지 널 태워 줄게."

"할아버지. 이 돈은 제가 ……."

"그래, 네 맘 다 안다. 사내 자식이 눈물은? 어서 가거라 늦을라."

등을 떠다미는 할아버지에게 준철이는 말을 더 잇지 못하고 눈물만 뚝뚝 떨어뜨렸습니다.

노란 유채꽃이 만발한 강가 길을 택시는 씽씽 달려갑니다. 온 강을 싸잡아 휘젓고 다니던 안개도 슬그머니 꼬리를 내리며 멀리에 모여 있는 물 버들을 토해내고 있습니다.

"아저씨. 여기요. 여기서 세워주세요 얼른요."

눈을 유리창에 바싹대고 강가를 바라보던 준철이가 무엇에 놀란 듯 다급히 소리를 칩니다.

"학교는 더 가야하는데. 왜?"

"그보다 더 급한 일이 있어요. 어서 세워주세요."

"원, 녀석."

기사 아저씨는 길가에 차를 세웠습니다. 준철은 기사 아저씨에게 인사를 하는 둥 마는 둥 택시에서 나와 강가로 달려갑니다. 노란 민들레 꽃술이 준철의 발길에 닿을 때마다 뽀얗게 부서집니다. 술렁술렁 꽃술이 속삭이는 소리도 들려옵니다.

"이상하지? 아까는 안 들렸는데?"

들려오는 소리는 민들레뿐이 아닙니다. 제비꽃, 쑥부쟁이, 질경이. 훈훈한 바람에 실려서 온갖 꽃들의 소리가 준철이의 귓전을 두드립니다. 한참을 달려가자 소리를 찍는다는 작가아줌마의 승용차가 저만치에 보입니다.

"혹시? 작가 아줌마의 사진기에 엄마의 목소리가 찍혀 있지 않을까?"

매우 궁금했지만 그보다 더 먼저 할 일이 무엇인지 준철이는 잘 알고 있습니다.

"여기일거야. 저기로 내가 아줌마 지갑을 던졌지?"

준철이는 숨을 한번 몰아 쉰 다음, 말끔히 안개가 벗겨진 강물위에 구르듯 번지는 햇살을 따라 강안으로 들어섭니다.

"찰칵."

소리를 찍는 사진작가 아줌마의 사진기 누르는 소리가 고요한 강바닥을 싱그럽게 울리고 있습니다.

붕어빵에 붕어는 없지만

"휘익"

돌개바람이다. 잡다한 쓰레기들이 회오리 속으로 몰려간다.

"칙"

"누구야? 씩씩이 아냐?"

씩씩이다. 누군가 전봇대 뒤에 웅크리고 있더라니. 씩씩이인지 몰랐다. 이번엔 내가 숨을 차례다. 얼른 씩씩이가 빠져나간 전봇대 뒤로 몸을 숨긴다.

"칙"

씩씩이가 또 침을 뱉는다. 명중이다. 소용돌이의 한 중앙에 벼락처럼 내리꽂힌다.

"앗! 진짜네. 귀신 바람이 불면 가운데에 침을 탁, 뱉으면 바람이 없어진다더니."

신기하게도 주둥이가 풀린 풍선처럼 씩씩이의 침을 가운데에 맞은 바람이 부르르, 진저리를 치며 멎는다. 하늘 위로 끌어 올리던 쓰레기를 모두 풀어준다.

"누나야. 이거 먹어."

씩씩이를 만나면 입안에 오물거리는 저 사탕을 쑥 뽑아서 내게 디밀게 틀림없다. 이젠 생각만 해도 징그럽다. 누나라니? 나보다 한 살 더 많은 열두 살이면서 왜 나를 누나라 불러? 지적 장애를 가져서 정신은 다섯 살에 머물러 있다지만. 아무리 잘 봐주려도 씩씩이가 진짜 싫다. 반편이라 놀려도 그저 씩, 웃는다. 씩. 여긴 뭐 하러 왔을까? 집도 한참이나 먼데. 갑자기 궁금해진다. 곁을 자꾸 훔치는 모양새도 수상하다. 혹, 훔치러? 그럴지도 모른다.

"잘 되었어. 이번엔 훔치는 현장을 잡아야지."

골목을 가며 두리번거리는 모양이 수상하다. 언제나 입안에서 오물거리는 사탕이 어쩌면 여기 골목에서 나왔는지 모른다.

"어? 없네. 어디로 갔지?"

구부러진 골목을 돌자 씩씩이가 안 보인다. 피자. 통닭. 떡볶이. 핫도그. 좋아하는 군것질 집은 즐비한데 어디로 갔을까?

"혹시, 저길? 앗! 맞네. 저길 왜 씩씩이가."

목욕탕 주차장 옆 빈터에 수북이 쌓인 재활용품 더미 안에 씩씩이가 서 있다. 무언가를 뒤에 감추고 불안한 눈초리로 사방을 훑는다. 다행히 나는 못 보았다. 얼른 전봇대 뒤로 숨는다. 씩씩이는 머리를 툴툴 손으로 털며 골목으로 다시 들어온다.

"저건 오락기인데? 훔쳤구나. 반편이 주제에 오락기라니."

혼자 중얼거리는 소리가 너무 컸나 보다. 씩씩이가 홱, 뒤를 돌아본다. 미처 몸을 숨기지 못하고 들켰다.

"누나지? 히히."

이를 드러내며 웃지만 징그러운 벌레를 보는 듯하다. 이젠 어쩌지? 그냥 나서지 뭐. 아무 일 없었던 듯 흥, 코웃음을 치며 나간다.

"너, 그것 훔쳤지? 이리 내놔. 아니면 경찰 아저씨 부를 거야?"

그런 말 하려는 건 아닌데 나도 몰래 튀어나온다. 내가 왜 이러지?

"누나야. 이거. 이거."

홍당무처럼 빨간 얼굴의 씩씩이가 머뭇거리며 손을 앞으로 내민다. 내가 무섭긴 한가보다.

"뭐야? 고철 덩어리이잖아?"

오락기는 맞지만, 귀퉁이가 모두 떨어진 고물이다. 씩씩이는 이걸 주워 오며 나를 놀라게 했다. 순간이지만 미안한 생각이 가슴을 훑는다.

"따라오지 마. 만약, 알지?"

딱히 할 말도 없다. 그저 주먹을 불끈 들어올리며 따라오면 때려줄 거란 신호를 씩씩이에게 보낸다. 으름장이 먹혔는지 씩씩이는 고물오락기를 만지작거리며 따라오지 않는다.

"엄마, 우리 이사 가자. 반편이 때문에 창피해 죽겠어."

집에 들자마자 책가방을 팽개치며 엄마에게 대들듯 따졌다.

"왜? 씩씩이가 또 뭐라 하던?"

"누나야. 누나야. 내가 왜 자기 누나야?"

"욕심이 없어서 그래. 우리 민지가 이해해야지 안 그러니? 학원 늦겠다."

이해해라. 이해해라. 엄마는 같은 말만 되풀이한다. 그런 엄마가 밉다. 학원에 가려 집을 나섰다. 또 마주칠 씩씩이가 겁이 난다. 목을 빼고 슬며시 돌아본다.

"다행이다, 씩씩이가 오락기에 정신이 팔려있네."

씩씩이는 정류장 한쪽 구석에 쪼그리고 있다. 오락기에 코를 박고 신나게 두드린다. 누가 보면 진짜 오락기를 가지고 노는 줄 착각하겠다. 일부러 바싹 다가갔건만 반편이는 역시나다. 지나가도 모르겠다. 갑자기 목마름이 느껴진다. 반편이 땜에 신경을 써서인가보다.

"얼마에요?"

근처 슈퍼에 들어갔다.

"붕어빵 아이스크림 말이냐? 응, 1,600원이네."

"무슨 붕어 한 마리가 그리 비싸요?"

입을 삐죽거리자 주인아주머니가 덩달아 삐죽거린다. 비싸면 사 먹지 마라는 표시다. 툴툴대며 가방 안에서 2천 원을 찾아 디밀었다. 가끔 사 먹는 붕어 아이스크림이 오늘따라 너무 비싸 보인다. 바로 먹자니 너무 아깝다. 이 손에서 저 손으로 꽁꽁 언 붕어빵으로 장난을 쳤다.

"어? 누나야."

눈치를 챘는지 오락기를 내 던지며 씩씩이가 불쑥 몸을 일으킨다. 내가 실수를 했다. 영락없이 걸렸다. 앞을 딱 가로막고 내 손 안에 든 붕어빵을 바라본다. 입 가로 누런 침이 줄줄 흐른다. 안 주면 안 비켜줄 것이란 신호와도 같다.

"많이 덥지? 이거 먹어. 시원할 거야."

멈칫거리다 붕어빵을 쑥, 내밀었다. 금방 후회가 밀려왔다. 사람들이 쳐다본다. 도로 물릴까? 하지만 보는 사람이 너무 많다. 부끄럽고 창피해서 씩씩이의 손에 얼른 붕어빵을 쥐여주었다.

"따라오면 안 돼. 알지?"

아까처럼 불끈 쥔 주먹을 머리 위로 흔들어댄다. 멍한 얼굴로 씩씩이가 바라본다. 그러거나 말거나, 나는 휑하니 네거리를 건넜다.

"자신의 마음을 그리라 했더니 민지는 붕어를 그렸구나? 이런, 꼬리가 잘렸네?"

학원선생님이 내가 그린 꼬리 잘린 붕어를 보며 고개를 갸웃거린다.

"씩씩이가 꼬리를 먹었어요."

"씩씩이? 민지 마음을 씩씩이가 먹었단 말이니?"

정말로 내 마음을 씩씩이는 먹어 버렸을까? 그러게 먹을 것이 있으면 입에 든 것이라도 냉큼 꺼내어주지. 더럽다고 핀잔을 주어도 막무가내다. 어쨌거나 내가 준 붕어빵을 씩씩이는 꼬리부터 먹어치울 것이다. 슬며시 창밖을 바라본다.

"어? 씩씩이가 아직 있네?"

어둠이 내리는 네거리 버스정류장 표지판에 등을 기대앉은 씩씩이가 보인다. 싫증이 난 오락기는 내 던졌는지 뒷짐을 진 채로 찻길만 바라본다. 집엔 언제 갈 거지? 괜한 걱정을 해 본다.

가로등이 네거리를 환히 비쳐서야 학원 공부는 끝이 났다. 친구들과 헤어져 네거리를 건너려니 또 걱정이 꼬리를 문다. 그때까지 정류장 근처에 쪼그리고 앉아 있는 씩씩이 때문이다.

"등 뒤에 감추고 있는 것은 무어지? 오락기는 아닌데. 옳지, 저 아저씨 뒤를 따라가자."

앞서 가는 키 큰 아저씨의 뒤에 바싹 붙어서 간다. 작전은 일단 성공이다. 씩씩이는 이쪽으로 고개도 안 돌린다. 입에 사탕도 안 들었다. 그래도 눈에 안 뜨이려 아저씨의 뒤에서 허리를 굽혔다. 그렇게 씩씩이의 곁을 지나간다. 죄 지은 것도 없건만 가슴이 이상스레 콩닥거린다.

"어!"

내 가슴 뛰는 소리가 들렸는지 씩씩이가 일어났다. 이상야릇한 소리를 지르며 바로 앞을 지나는 키 큰 아저씨의 휘적거리는 바짓가랑이를 밀쳐낸다.

"그래, 될 대로 되라지 뭐."

이럴 때엔 용감해야 한다. 씩씩이 보라는 듯 당당하게 나선다.

"어, 어."

맞닥트렸는데도 씩씩이는 본체만체한다. 곁을 지나 정류장으로 달려간다. 당황한 건 오히려 나다.

"붕."

한 무리의 사람들을 내려놓고 버스가 떠나간다.

"엄마!"

그렇구나. 씩씩이는 엄마를 기다렸구나. 진작 알아보아야 하는데. 나도 잘 아는 씩씩이의 엄마가 놀란 듯 걱정 섞인 눈빛으로 씩씩이를 안는다.

"우리 씩씩이, 엄마 기다렸구나? 착하기도 하지."

갑자기 내 눈에 눈물이 인다. 별로 슬프지도 않은데 웬 눈물이람? 슬며시 손가락으로 눈물을 찍었다.

"엄마, 많이 덥지? 이거 먹어. 시원할 거야."

뭔 소리지? 시원할거야? 어디서 듣던 소리라 그냥 가려다 다시 돌아본다. 할딱거리며 숨을 쉬던 씩씩이가 엄마의 품에서 얼굴을 들었다. 씩, 웃으며 그때까지 뒤로 돌려 감추고 있던 오른손을 내민다. 엄마는 씩씩이의 손을 물끄러미 바라본다.

"엄마 먹어. 시원할 거야."

씩씩이는 또 씩, 웃으며 손에 든 것을 들이민다.

"아니? 저건?"

나도 몰래 놀랜 소리가 튀어나온다. 씩씩이가 엄마에게 준 것은 붕어빵 아이스크림이 틀림없다. '언제 것인데? 여태 안 먹고 있었어?' 진짜 기막힌 일이다. 씩씩이 엄마는 더 기가 막힌가보다. 붕어빵을 손에 들고 이리저리 굴려본다. 아이스크림은 다 녹아서 물이 되어 버렸다. 씩씩이 엄마의 눈에서 눈물 방울이 뚝, 떨어진다. 나도 눈물이 날 것 같아 고개를 돌렸다. 네거리를 건너온 싱싱한 바람이 내 뺨을 훑고 간다. 붕어빵을 안 먹어도 그냥 시원하다. 붕어빵을 잘 주었다는 생각도 처음으로 든다. 비록 아무도 먹지는 못 했을망정. 이젠 씩씩이를 놀리지 말아야지. 그게 올바른 생각임을 나도 잘 안다.

단편소설

서혜원 업둥이

❖ 서혜원

업둥이

허공을 물어뜯는 듯한 개 짖는 소리에 놀라 번쩍 눈을 떴다. 핸드폰의 시계를 확인한다. 3시였다. 긴 겨울밤이 밝으려면 아직 멀었는데 밖이 왜 이렇게 시끄러울까. 순간 전신이 오그라드는 듯한 공포가 엄습해오며 사지의 힘이 쭈욱 빠진다. 그리고 손끝이 의지와는 상관없이 부들거렸다. 그악스럽게 짖어대는 걸로 미루어 짐작컨대 틀림없이 침입자가 있다는 것이었다. 그러거나 말거나 진아는 움직이지 않을 것이었다. 할머니가 살던 시골집으로 이사를 들면서 결심한 것은 침입자가 있을 경우 반항하다 죽거나 가만히 앉아 죽거나 운명은 정해져있는 거라고 생각했었다. 가만히 있을 참이었다. 방문만을 굳게 걸어 잠그고 침입자의 시간을 지연시키기로 하였다. 방문은 여기저기 철저하게 장치를 해놓은 터라 그녀 스스로 문을 열어주지 않는 한은 쉽지 않을 것이었다. 그녀는 이불을 푹 뒤집어쓰고 핸드폰의 자판을 찾았다. 순간 경찰이 빠를까 이장이 빠를까 거리 계산을 하다가 경찰보다는 이장이 더 빨리 도착할 수 있을 것 같아 이장의 핸폰 번호를 찾아 누르려 할 때였다. 개 짖는 소리가 잦아들며 사람들의 웅성거리는 소리가 들렸다. 그녀는 눈을 질끈 감았다 뜨며 자리에서 일어났다. 그녀의 집 벨이 울렸다. 그녀가 충분히

1951년생 출생
《수필문학》 등단
《문학사랑》 제 10회 인터넷문학상 수상
한국수필가협회 회원, 문학사랑 문인협회 회원
군포문인협회 회원, 한국문인협회 회원
한밭소설가협회 회원, 대한사이버문학 설립자
cryingbird50@hanmail.net

겁을 먹고 나오지 않을 거라 생각했는지 문까지 두드렸다.

"이장입니다. 겁 내지 말고 나와 보세요."

"에고~ 해괴망측해라. 혼자 사는 여자 집에 아기라니?"

"어머 여기에 아기 출생연월일과 편지가 있네요."

아기의 포대기 속을 들여다보던 마을 아주머니의 격앙된 목소리도 들렸다. 그제야 그녀는 옷을 갈아입은 후 방문의 고리를 하나씩 걷어냈다. 마을의 주민들은 둥글게 모여 무언가를 들여다보고 있었다. 주민들은 그녀를 보자 길을 비켜주었다. 그녀는 포대기에 싸여있는 아기 앞으로 갔다.

"이렇게 차가운 날에 아기를 문간에 갖다 놓다니… 동사할 뻔 했네. 그런데 어떻게 한다니? 들어온 아기는 내치는 게 아니라는데."

할머니의 농토를 이장과 나눠 관리해주고 있는 마을 부녀 회장 송혜림이었다. 진아는 망연자실, 어이없는 표정이 되어 그냥 바라보고만 있었다. 부녀 회장은 아기를 안았다. 그녀에게 건네야 할지 말지 잠시 망설이더니 그녀에게 조심스럽게 내밀었다. 그녀는 받지 않았다.

"전 아기 키울 줄 몰라요. 키울 생각도 없구요."

1

결혼생활 5년 동안 아기는 없었지만 그녀의 유치한 응석이 구순하게 받아들여지는 편안하고 행복한 생활이었다.

김진아는 혼자된 엄마와 외할머니 밑에서 자랐다. 면 소재지에 있는 중학교를 졸업한 친구 몇 명은 대입준비를 위해 서울에 있는 고등학교로 진학을 했다. 외할머니와 엄마는 전혀 그럴 마음이 없었다. 혈육이라곤 그녀 하나뿐인데다 여자인 그녀를 타지에 보낸다는 건 그들 인생 계획에 존재하지 않았던 것이다. 서울은 객지인 터라 농사일을 접고 딸의 교육을 위해, 보호하기 위해 엄마가 따라나서겠다고 하였다. 그녀는 통학이 가능한 군 소재지의 고등학교를 졸업하고 대학 진학을 포기했다. 그녀는 자신에게 지나치게 집착하는 엄마가 싫었다. 여자의 행복이 결혼으로 결정된다고 생각하는 할머니의 고리타분한 교육관도 싫었다. 그녀는 그들이 원하는 삶을 살아낼 자신이 없었다. 막연히 벗어나고 싶었다. 그들만 떠나면 숨통을 터 줄 그 어떤 세계와 만날 것만 같았다. 그래서 그녀는 고등학교를 졸업하자마자 가출을 하였다. 그리고 이내 후회했다. 삶은 그녀가 생각하는 만큼 호락호락하지 않았기 때문이다.

남편은 그녀가 다니던 고등학교 교사였다. 다시 만나게 된 건 그녀가 가출을 하던 날 고속버스 휴게소에서였다. 남편은 고등학교 교사를 퇴직하고 전문대학으로 옮기기 위해 서울로 가고 있는 중이었다. 남편과 그녀가 탄 버스가 달랐다. 남편은 다른 지역에서 올라오는 버스를 타고 있었기 때문이었다. 각자 다른 버스에 오르기 위해 핸드폰 번호만 주고받았었다. 남편은 대학에서 교양과목인 국어를 맡고 있었다. 그리고 남편은 시인이며 소설가였다. 그녀가 고시텔로 들어가 닥치는 대로 아르바이트를 할 즈음에 남편이 연락을 해와 인연이 되었다.

할머니와 어머니는 이미 그녀를 포기한 상태였는지, 어이가 없어 말문이 막혔는지, 아니면 많은 나이 차이에도 사윗감이 마음에 들었는지 가타부타 말을 하지 않은 채 그녀의 결정에 따랐다. 할머니와 어머니를 피해간 곳이 결국은 결혼이었다. 결국 그녀는 힘든 방황의 시기를 견디지 못한 채 결혼에 안주했다.

퇴근 후 그들 부부는 같이 책 읽기를 좋아했다. 방 두 개 중 하나를 서재로 사용하고 있었는데 서재에는 두 개의 책상이 나란히 놓여 있었다. 하지만 둘이 한 방에 있는 경우는 드물었다. 독서를 하거나 남편이 집필 중일 때 그녀는 부부 침실인 안방으로 갔다. 나눠서 독서를 하거나 글을 쓰던 그들에게 대화가 필요할 때면 그 또한 방해가 되지 않게 핸드폰으로 메시지를 띄웠다. "오늘의 미션 끝" 나머지 시간은 함께 있고 싶다는 의사 표시였다. 둘은 아름다운 시어에 공감하고 소설 속 독특한 인물 창조에 서로의 느낌을 이야기하는 시간들을 즐겼다. 남편은 그녀에게 창작을 권유했고 그녀는 남편이 없는 낮 시간 서재에 박혀 습작에 열을 올렸다. 잘 하는 것이 한 가지도 없는 그녀에게 글을 쓸 수 있는 능력이 있다고 믿어주는 남편을 위해 잘 쓰고 싶었다. 남편에게 인정받는 글을 완성하고 싶은 욕구로 그녀는 시간을 아꼈다. 그녀의 행동이 예사롭지 않았던지 남편은 창작에 깊이 빠져들지 않기를 바란다고 말했다. 독서를 하고 글을 쓰는 일은 자신의 삶을 정화하는 정도에서 그쳐야지 전업 작가의 삶을 흉내 내지 말라고 하였다. 물론 그녀도 전업 작가로 살아갈 자신은 없었다. 당연히 그 어떤 것에도 자신이 없는 그녀로서는 그 엄청난 작가의 길을 가려 한다는 건 불가능한 일이라고 생각하고 있었다. 혼자서 하는 아마추어로 만족할 참이었다. 그녀는 남편을 창작의 스승으로 존경했다. 그러던 남편이 췌장암으로 일 년여 투병하다가 세상을 떠났다. 그녀가 간병에 지칠 틈도 주지 않은 채였다. 상실의 슬픔을 추스를 새 없이 다가온 것은 생활이었다. 짧은 투병 생활이었지만 좋다는 약은 다 사용하다 보니 예금의 잔고가 바닥이 났다. 남편의 퇴직금은 대출액 반환으로 퉁 쳐야 했다. 살고 있는 전세금도 이것저것 잔 자분한 은행 빚을 갚는 거로 남는 게 없었다. 어떻게 살아가나? 였다. 삶이 두렵고 생활이 난감했다. 젊은데 무엇이 겁나냐고 이웃들은 말하지만 닥친 당사자는 그게 아니었다. 남편이 평생 함께할 줄 알았던 그녀는 혼자 살아가는 가상의 미래에 대해선 생각할 줄 몰랐었다. 29세, 사람들은 아홉수를 호되게 넘겼다고, 남편의 죽음을 그녀의 나이에 떠넘기며 위로하려 했다. 그녀는 예금이 바닥나기 전에 일거리를 찾아야 했다. 하지만 할 수 있는 게 한 가지도 없었다. 막막했다. 그녀는 가로수 같은 직업 정보지를 가져다 놓고 하나씩 체크했다. 그녀가 할 수 있는 거라곤 결혼 전에 했던 캐시 알바와는 달리 청소와 설거지뿐이었다. "홀 서빙"은 굼떠서 자신이 없었다.

그러는 중 할머니를 돌봐주고 있는 간병인한테서 연락이 왔다. 할머니와 함께 살던 딸, 그러니까 그녀의 엄마가 두 해 전 먼저 세상을 뜨자 할머니는 딸이 보고 싶을 때면 그녀를 불렀다. 그녀는 손녀사위의 죽음을 차마 알릴 수 없었다. 하나 뿐인 딸이 세상 떠난 지 얼마 안 돼 손자사위까지 간 걸 알면 노환인 할머니의 심약한 가슴이 견딜 수 있을까 우려되었기 때문이다. 그러나 할머니는 알고 있었다. 할머니는 그녀의 손을 잡고 "여기 와서 살아라. 여기가 네 고향이잖니? 에미도 떠나고 할미마저 떠나면 그래도 널 돌봐줄 사람들은 여기 계신 어른들 뿐이다. 알고 있었다. 네 신랑이 잘못된 거…" 그녀는 아무 말 없이 할머니의 손을 잡았다. 할머니는 그 밤 눈을 감았다. 남편을 보내고 난 후의 충격과 상실의 아픔에서 벗어나지 못한 상태에서 다시 닥친 죽음은 그녀에겐 절망이었다. 기댈 곳 없는 허허로움에 방문을 꼭꼭 닫아놓고 몇날 며칠을 목놓아 울었다. 그런 그녀를 마을 어른들은 위로했다. 그녀는 그들의 따뜻한 위로에 조금씩 안정을 되찾았다. 그리고 이장의 도움을 받아 할머니의 재산을 상속하는 절차를 밟았다. 그리고 하향을 결심했다, 낯설지 않은 마을 어른들은 사별하고 돌아온 그녀를 손녀같이, 자식같이 친절하게 대해 주었다. 할머니의 이웃 열 가구 주민들은 그렇게 그녀를 맞이해주었었다. 그러나 어떤 어른은 그녀가 이곳에 와 살게 될 줄 몰랐다고, 부정적인 시선으로 바라보기도 하였다. 하지만 할머니 어머니와의 정을 생각해서인지 그녀를 따뜻하게 맞이해주었고 지나치게 보살펴 주려했다. 할머니의 생전의 후덕함 덕분인 듯하였다.

2

사람들은 모두 아기를 따라 송혜림의 집으로 들어섰다. 그녀는 그냥 돌아서려다가 왠지 그래서는 안 될 것 같아 그들의 뒤를 따랐다. 부녀회장 송혜림은 우두커니 서서 바라보는 그녀를 향해 다시 한 번 아기를 내밀었다.

"어떻게 할래?"

"몰라요!"

부녀회장은 아기를 안고 이장 최만섭을 돌아보았다.

"날 밝으면 시설에 맡겨요."

"우리 동네에 들어온 아긴데… 암튼 부녀회장님이 일단 데리고 있다가 내일 의논합시다."

"진아야! 들어가서 이야기 좀 할까?"

"아기는 아주머니께서 결정해 주세요."

"너한테 아기는 안 될 말이지. 어째 이런 일이 우리 동네에 생겼을까. 아직까지 이런 업둥이는 없었는데. 누가 이런 시골에 아기를 업둥이로 보냈을까. 아는 사람일까? 아기가 안 됐다. 이를 어떻게 해."

그녀는 하향한 것을 후회했다. 되돌아가고 싶었다. 그런데 어디로? 그녀가 돌아가고 싶은 곳은 남편과 함께 살던 곳일 뿐이었다. 남편도 없고 남편과 함께 마련하고 즐거워했던 추억의 소품들까지 모두 끌고 이곳으로 왔다. 남편과 함께 살았던 곳으로 간다 해도 그녀는 혼자였다. 마땅히 갈 곳이 없었다.

아기는 마을에서 가장 젊은, 오래전에 귀향한 박만복의 며느리 송혜림이 데리고 갔다. 날이 밝자 이장은 비상회의를 소집했다. 이번 회의는 부인의 의견도 중요하니까 반드시 부부동반으로 참석할 것을 강조했다. 마을은 간밤에 있었던 업둥이 건으로 수군거렸다. 부부동반 중 사별해 혼자 남은 사람들도 있어 총 16명이 참석했다. 김진아, 그녀까지 열일곱 명이 아기를 가운데 놓고 둘러앉았다. 이장은 새벽에 아기를 발견한 경위를 담담하게 설명했다.

부녀회장 송혜림의 하는 일에 토 달기를 좋아하는 나이 비슷한 덕천

댁 김영희는 아기의 아빠가 이곳 지역과 연관이 있을 거란 추리를 해 아기 출생의 의혹을 제기했다. 그러니까 이곳 주민들의 자녀들 중의 한명일 수도 있겠다는 것이다. 남자가 외도를 했거나 여자가 키울 능력이 없거나 마땅히 맡길 곳 없는 자손들이 젊은 여인의 귀향을 알고 행동에 옮겼을 것이라는 것이었다. 그러나 다른 어른들은 괘념치 않았다. 말도 안 되는 추측이라고 무시했다. 마을 어른들에게는 아기의 출생이 중요한 게 아니라 아기가 마을에 들어왔다는 것에만 중점을 두었다. 때문에 김영희의 추측을 귀 담아 듣지 않은 채 태어난 지 한달도 안 돼 보이는 아기를 어르며 즐거워했다. 손자 손녀들이 없는 건 아니지만 같이 사는 자손은 없었다. 그저 그들은 생명의 신비에만 심취해 있는 듯하였다. 아기의 울음소리를 듣게 되고 아기의 얼굴을 보게 되어 신기하고 기쁜지 주름진 얼굴에 화색이 돌았다. 한국의 농촌이 다 그렇듯이 이곳도 젊은이는 없었다. 가장 젊은 나이가 65세인 이장과 송혜림 김영희 등이었다. 농사를 천직으로 알고 사는 노인들이었다. 자식들이 도시 생활을 접고 내려오는 예가 없지 않지만 그 사람들도 지금은 60이 훌쩍 넘어버린, 농사에는 베테랑들이 되어있었다.

"야박하게 들릴지 모르겠지만 아무리 슬퍼도 농사는 때를 놓치면 안 되는 거야. 날 따라다니며 배워 봐, 내가 하라는 대로만 해. 땅을 지켜야 하는데 걱정이네. 언제 일을 배울꼬…"

할머니 생전부터 할머니의 농토를 관리해온 부녀회장 송혜림은 진아를 각별히 챙기며 농사를 가르쳐주려 하였다.

"의견을 들어보려고 합니다. 우리 마을에 새 생명이 들어왔는데 이 일을 어떻게 처리해야 좋을지 각자 의견을 들어보려고 회의를 소집했습니다."

"아기가 마을로 들어왔나요? 회관으로?"

"그건 아니고, 진아 아니, 얼마 전 돌아가신 이준호 어르신 댁으로 새벽에 왔습니다."

"그럼 아기는 그 집에서 결정해야 하는 거 아닐까요."

"그러기는 한데 진아는 육아 경험이 없고, 그리고 앞길이 창창한 젊은 사람에게 맡기기는 좀 그렇지 않은가요."

"아이고 참, 업둥이를 보내도 잘 알아보고 보낼 일이지 어쩌자고 이런 무능한 사람한테 보내누."

"그러게요. 아기를 낳아본 적도 없는 혼자 된 여자 집 앞에 놓고 가다니… 쯧쯧"

"근데 뭘 어쩌라고, 어쩌자고 회의를 하는가요."

"이 아기를 어짜면 좋을까 하구요. 부녀회장님 말씀대로 고아원으로 보내야 할까요?"

"……"

모두 말문을 닫았다. 안타깝다는 의미일 것이었다. 시선은 모두 아기에게서 떼지 못한 채였다.

"이장님 생각은 어떠신지요? 혹 마을의 아기로 키우자는 건 아니겠지요?"

"아기를 어떻게 마을의 아기로 키울 수 있는지요. 누가 맡아 줘야 하는데, 그럴만한 환경이 되지 못해서요. 누가 손들어주지 않는 한 아기는 고아원으로 보내야 할 것 같습니다."

"아기는 거두고 싶지만 우린 많이 늙었습니다. 자기 몸뚱이 하나 건사하기도 힘든데 농사 일하며 아기를 돌본다는 건 불가능합니다. 저희 집은 포기하렵니다."

여기저기서 저희두요. 저희두요. 라는 의견이 나왔다.

"우리 마을에서 키웠으면 좋겠다는 의견은 없는지요."

아무래도 이장은 아기를 돌려보내는 게 내키지 않은 눈치였다.

"그렇게 결정하기 힘들면 자네가 키우게"

"싫습니다. 아기를 저 이가 키우나요. 나지요. 난 안 키우고 싶습니다. 아무래도 아기의 거취 결정은 진아가 하는 게 좋을 것 같습니다. 그 아기는 바로 진아네 문간에 놓여있었으니까요."

이젠 이장 부인이 나서 반대 의사를 밝히며 결정권은 어디까지나 진아한테 있다는 것을 분명하게 하였다.

"그게 좋겠네요."

부녀회장이 얼른 말을 받았다.

진아는 분분한 의견 속에서 착잡해졌다. 노인들은 건강을 내세워 거부했지만 그녀는 경제를 내세워 거절해야겠다고 생각했다.

"안타깝지만 전 아기를 키울 재력이 없어요."

"아기의 주인이 그렇게 말한다면 아기는 이 마을을 떠나야 할 것입니다. 절차를 밟을 때까지 부녀회장님이 맡아주셨으면 합니다."

"그러죠."

"아기가 돌아갈 때까지 이웃들이 돌아가며 도와드렸으면 좋겠습니다."

"알겠습니다."

마을 할머니들은 그것쯤은 할 수 있다는 듯, 이장의 부탁에 초등학교 학생처럼 한목소리로 대답을 했다.

"보내는 것으로 결정났으면 날 밝는대로 보내버리세요."

김영희는 진저리를 내듯 냉정하게 말했다.

3

마을회관을 나서는 그녀의 발걸음이 무거웠다. 할머니들은 아기를 들여다보느라고 그녀가 나가는 것에도 무관심했다. 그녀는 자신을 찾아온 아기를 냉정하게 문전박대한 것이 왠지 모를 죄책감으로 기분이 좋지 않았다. 남의 아기에게 관심 기울일 여유 없다고 머리를 흔들어보지만 새벽녘 울어대던 갈 곳 없는 아기의 울음소리가 귓가에서 앙앙거렸다. 심장께가 간질거려오는 듯하였다. 그녀가 고민하고 처리해야할 일을 자신의 일처럼 염려하고 근심하는 마을주민들께 감사해야 할지 말아야 할지 잠시 난감했다. 그녀의 업둥이를 그녀에게 맡기지 않고 데리고 간 부녀회장이나 마을회관에 모여 아기의 거취를 의논하는 것 등이 그녀를 마을 주민으로 진심으로 인정하고 있다는 것이 분명했다. 가족처럼 그녀를 염려해주는 마을 주민들의 배려는 아직까지 할머니에 대한 좋은 기억을 간직하고 있는 분들의 생존 덕분이었다.

그녀는 개운치 않은 마음으로 집으로 돌아와 자리에 누웠다. 편안하게 누워있기가 왠지 아기를 안고 간 부녀회장 송혜림에게 미안했다. 뭔가 잘못하고 있는 것 같았다. 그녀의 집 문간에 놓였던 아기, 정말 그녀가 책임져야하는 것일까. 아닐 수도 있다고 머리를 저으며 몸을 뒤척였다.

핸드폰이 울었다. 이곳으로 온 후 처음으로 우는 전화였다. 몹시 심란한 상황인데 저장되지 않은 이 전화를 받아야 하나 말아야 하나 망설이다가 귀향하고 그녀를 찾는 첫 전화에 터무니없는 애정이 갔다.

"……"

"안녕하세요? 사모님이시죠?"

"누구신가요?"

"선영이 엄맙니다."

"아~ 네에"

"어떻게 지내시나 궁금해서요."

"……"

"지금 이런 이야기할 상황 아니라는 것 잘 알지만요."

그녀는 그 아이의 이름을 기억하고 있었다. 하지만 선영의 모친이 자신에게 전화를 줄만큼 가족끼리 친절하게 지낸 기억은 없었다.

"생전에 남교수님께서 저희 아이를 예뻐해주셔서요."

순간 그녀는 울컥 빈정이 상했다. 그리고 생각이 났다. 글 재능이 있어보인다고 칭찬을 했을 때 그녀는 질투심을 느꼈었다.

"선영이 졸업했나요?"

"아직요. 일년 휴학했다가 봄에 복학할 예정입니다. 선영이가 문예지에 소설로 등단했어요."

"아~ 잘됐네요. 그이가 살아있었으면 정말 기뻐했을 텐데요."

"사모님께라도 전해드려야 할 것 같아서 전화드렸습니다. 모두 교수님 덕분입니다. 감사해요."

"아~ 네에…"

"좋은 사람도 생겼어요. 곧 결혼할 계획이구요."

"벌써요? 너무 이른 거 아닌가요? 암튼 경사가 겹쳤네요. 축하드립니다. 축하한다고 선영이한테도 꼭 전해주세요."

"사모님께서두요. 교수님께 꼭 전해주세요. 근데 사모님 계신 곳 찾아가도 될까요? 교수님 대신 사모님께 인사드리고 싶어요."

"아닙니다. 안 그러셔도 됩니다. 그리고 지금은 아무도 만나고 싶지 않아요. 안정이 되면 전화 드리겠습니다. 그때 선영이하고 같이 봬요. 죄송해요."

"충분히 이해해요. 미안해요. 그런데 정말 아무 일 없이 잘 지내고 계신 거죠?"

순간 그녀는 고개를 갸우뚱했다. 선영 어머니가 그녀를 살뜰하게 걱정해 줄만큼 가깝지 않았다. 선영이 전화를 한 거라면 몰라도 괴이하기까지 했다. 불쑥 왜 친한 척 하냐고 돌직구를 날리고 싶은걸 차마 그렇게 말 수 없어 참았다. 그리고 단호하게, 더 이상 말하고 싶지 않다는 의지를 보이기 위해 말에 힘을 주었다.

"그럼요!"

"사모님! 교수님이 세상을 뜨신 것은 어떤 말로도 위로가 되지 않을 줄 알지만, 힘내세요."

통화가 끝나고 나자 그녀는 자리에서 벌떡 일어나 안절부절을 못한 채 방안을 서성였다. 이런 말들을 선영이가 아닌 그녀의 엄마를 통해 듣는다는 것이 아무리 생각해도 어색하고 적절하지 않았다. 그리고 그녀는 선영에 대해 하나도 궁금하지 않았다. 남편이 살아있다면 어쩌면 기쁜 척이라도 했을지 몰랐다. 왜냐하면 그녀는 남편의 희로애락에 무작정 동참했었다.

4

아기가 마을에, 아니 진아 집 앞에서 발견된 날 오후 마을의 어른들이 마을회관에서 1차 회의를 마친 후 다시 이장 집에 모였다. 이장 부인은 김치전과 몇 가지 밑반찬을 안주로 막걸리 상을 보았다.

"모두들 농촌을 떠나는데 진아는 왜 돌아왔을까."

"쟈는 학교를 어디까지 나왔지?"

"얼라 벌써 잊었는가? 고등학교 나왔잖아요."

"왜 그랬지? 아씨께서 돈이 없었던 것도 아닌데…"

"공부하기 싫어했잖아요. 그걸 어찌 말려요."

"그럼 진아는 어떻게 되는 건가?"

"모르죠. 우리가 뭘 도와줄 수 있겠는지요. 스스로 찾아야지."

"아씨의 부탁도 있고, 우리가 돌봐줘야 합니다. 남의 일처럼 몰라라 하면 안 됩니다. 알았지요?"

이장의 말이었다.

"그러기야 하겠지만 언제까지 지켜줄 수는 없고, 우린 너무 늙었고, 진아는 학생 때 공부 안하고 뭐 했을까. 특기가 없으니 도시로 내몰 수도 없고…"

"진아가 책읽기만 좋아하고 지 엄마 농사일도 돕지 않았었지요."

"저런… 그랬었구먼"

"책 많이 읽은 사람이 할 수 있는 일은 없는가?"

"책을 많이 읽는 건 좋은 것이라고 하는데 그것으로 먹고살기는 힘든가보네요."

"책 읽는 거 좋아해봐야 놀고먹는 글쟁이 밖에 더 되겠나?"

"여자가 그렇게라도 되면 좋은 거 아닌가? 어차피 쟈는 할 줄 아는 게 하나도 없는 것 같으니. 농사나 지어야지."

"농사는 아무나 짓나. 암튼 밥은 먹게 해줘야 하는데… 협조를 잘 해줄지 모르겠네…"

"후훗훗……"

"그런데 당면한 문제는 아기인데…"

"직업도 없는 애한테 어떻게 아기를 키우라고 해요."

"그러니까 키워보라는 거지. 직업이 있음 여기에 오지도 않았을 거구."

"시설에 보내게. 진아가 안 한다면 자네가 맡을 건가?"

"그게…"

"그러니까 날 잡아서 시설에 보내자구"

"오랜만에 아기 울음소리 들으니까 신기하네, 이뻐"

"이쁜 거야 당연하지만, 그렇다고 맡을 수는 없잖은가. 마당에서 키우는 강아지 새끼도 아니고…"

"그렇지?"

"그럼 이렇게 합시다. 우리 마을에 들어온 아기니까. 우리가 키우는데, 진아가 아직은 특별히 하는 일이 없으니까. 물론 그럴 능력이 생길 리 없겠지만, 능력이 생길 때까지 우리가 아기 양육비를 십시일반으로 모아 주는 거야. 아기 키우는 걸 직업으로 알고 함 해보라 할까? 어떻게 생각해?"

"우리가 뭐 얼마나 잘 산다고 누구 새끼인지 모를 아기에게 돈을 주나?"

"우리 서로 서로 생활을 잘 알고 있지 않나, 능력껏 합시다. 있는 분이 좀 더 하고, 어려운 분은 조금만 하고, 그리고 농산물 나올 때는 또 그것으로… 암튼 아기 키우는데 부족하지 않게 지원합시다."

"근데 진아가 그리할라 할까요? 아도 낳아보지 않았는데요."

"이제부터 자기가 낳았다 생각하고 키워보라는 거지."

"그러다 이 동네 싫다고 가버리면요."

"뭐 그 때는 그때 가서 다시 생각해보자구요."

"진아가 아기를 양육하겠다고 하면 그때 가서 구체적인 방법을 의논합시다. 양육비 결정을요. 싫은 분은 지금 확실히 해주시구요. 가부만 일단 표결에 부칩시다."

낮보다는 적게 참석한 탓인지 6:4로 동네에서 아기를 키우자는 의견이 나왔다. 사실 반대 숫자가 적은 숫자는 아니었다. 하지만 마을 어르신들은 민주주의 원칙에 승복했다. 진아의 의중을 다시 확인하는 일은 부녀회장 송혜림이가 하기로 하였다.

5

다음 날 오전 송혜림은 진아 집을 방문했다.

"농촌 생활 할 만한가?"

"아직은 놀기만 했는데요."

"곧 바빠지지. 그래서 말인데 어제 오후 이장 집에서 마을 어르신들과 다시 회의를 했는데 네가 아이를 양육하겠다하면 십시일반 경제적 도움을 주겠다고 했어. 농사를 지을 줄도 모르고, 농사는 지금처럼 나와 이장이 지어 줄 것이니까. 걱정하지 말고 아기 키우면 어떨까 해서. 뭐 특별한 계획 있어?"

"있으면요?"

"그렇다면 안 되지. 창창한 네 앞길 막을 수 없지. 그리고 혹 아기 키우다가 좋은 사람 생기거나 취직을 하거나 하면 나한테 넘겨주면 돼. 그때쯤이면 많이 커있지 않을까?"

"아주머니! 그 별일이 내일이라도 생길 수 있는데 어쩌시려구요. 아기를 포기하지 않는 다른 이유 있으세요?"

"우리 마을에 업둥이가 들어온 건 처음이라서, 어르신들이 무척 기뻐하셔서… 너가 없으면 이런 마음이라도 가질 수 있었겠니 싶다. 농사를 모르는 너를… 후후… 그 보담도 아기가 너희 집으로 오지 않았니? 솔직히 네가 거절하면 우리도 할 말 없는데, 부탁해보는 거지 뭐~"

"사람을 길러내는 일인데 아기가 이쁘다고 즉흥적으로 결정할 일은 아닌 것 같은데, 왜들 그러시죠?"

"너도 나이 들어 봐라 생명의 소중함을 알게 될 거야. 우리 마을 어르신들이 바로 그거인 거야. 할머니 할아버지들만 살고 있잖니?"

"손자 손녀들 있으시잖아요."

"멀리 있잖여. 그리고 그것들은 말야 내 것이지만 내 것 같지 않은 것들이지."

"그렇다고 안 키워도 될 아기를 키우나요?"

"우리 마을에 들어온 생명이잖니. 그러니까 넌 끝까지 안 키우겠다는 거지? 알았어."

"알았으면요. 아기는 어떻게 하나요?"

"고아원이나 어디론가로 보내야겠지. 이장님과 다시 상의하고 결정해야지."

송혜림을 배웅할 때까지 단호했던 그녀가 막상 송혜림에게서 돌아서려는데 이건 아닌 것 같다는 생각이 들었다. 그녀는 조금 전까지 하지 않던 생각들을 갑자기 떠올리기 시작했다. 신혼 초 갖고 싶었던 아기는 그녀의 불임으로 포기해야했었다. 자존심이 상했다. 자존심이 상해 그녀는 아기 못 갖는 이유를 어느 누구에게도 말하지 않았다. 아기가 생겨야지 하는 이웃 사람들의 말에 남편은 오히려 "우리는 딩크입니다."라고 말해 그녀의 치부를 감싸주었다. 형편은 어찌 되었든 그녀의 집으로 온 아기였다. 강아지를 반려견으로 기르는 독신들이 늘어나고 있다는데, 그러자, 아기를 키워보자, 키우고 싶다 라는 결정을 하고 싶어 할 때 쯤 그녀의 전신이 떨려왔다. 마치 신 내림 직전처럼 그녀는 떨기 시작했다. 그리고 미친 듯이 집밖으로 뛰었다. 송혜림은 뛰어오는 그녀를 향해 몸을 돌리고 기다렸다.

"주세요!"

6

송혜림은 이장을 찾아가 진아의 결정을 전했다.

"어려운 결심했네요."

"친정어머니도 없고, 할머니까지 가시고… 저희들이 돕겠습니다."

"아기용품 사러 당장 읍내 갑시다. 지금 시간되나요?"

"진아도 데려갈까요?"

"전화해보시죠. 근데 아기를 키워보지 않아 뭘 알겠는지요. 육아용 책도 좀 사고 부녀회장님께서 메모를 좀 꼼꼼히 해보세요."

"갑자기 생각이 잘 날는지 모르겠네요. 빠뜨리지 말아야 하는데… 누구 한명 더 부를까요? 아니다. 다니면서 다시 의견이 분분해지면 머리만 아파요. 그죠?"

"그럴 수도 있겠네요. 갑시다. 회장님은 차안에서 잘 적어 보세요. 살 것들…"

"근데 비용은요?"

"그런 건 신경 쓰지 마세요."

"아기 용품 값이 장난이 아닌데, 혹 마눌님 몰래 비상금 해놓으신 것 있나요? 말 안 할게요. 정말에요."

"묻지도 말고 알려고도 하지 말아요."

젊은 사람들이 들어오지 않는 농촌에 새 생명의 출현은 그들의 이성을 마비시켰다. 그것도 가족을 다 잃은 진아이기에 더욱 마음이 쓰였다. 진아를 위해서 잘하는 건지 못하는 건지 판단이 잘 서지 않았지만 왠지 그래주고 싶었다. 그래야만이 돌아가신 진아 할머니의 유언에 따라주는 거라고 생각했다. 막상 시장을 보려하니 앞날이 갑갑해지기 시작했다. 둘은 서로의 갈등을 감지한 채 바라보며 씁쓸히 웃었다. 송혜림은 진아에게 전화를 했다. 아기용품 사러 읍내에 왔는데 함께 살 마음 있으면 지금 버스 타고 나오라고 하였다. 진아는 선뜻 오겠다고 답했다. 송혜림은 의외의 반응에 안도했다.

송혜림은 차 안에서 서울에 있는 외손녀가 태어날 때 딸이 준비하던 품목들을 되살렸다. 갈아입을 옷, 기저귀, 분유, 젖병, 소독기, 소독 브러쉬. 오일, 파우다. 아기 요, 이불 등, 그리고 약국에 가서 비상약품과 진아의 요구대로 서점에 가서 육아에 관한 책을 구입했다. 이장이 지불하고 싶어했지만 진아는 거절했다.

"제 아기에요."

"그래 네 아들이지."

"이름을 뭐라고 지을까. 작명가한테서 지어올까?"

"제가 지을 거에요."

"그래, 그게 좋겠다. 네가 지어, 네 아들이니까."

"네"

"오늘 밤부터 데리고 있을 수 있어?"

"아직요. 아기 맞이할 준비가 필요해요. 내일 오전에 데려오겠어요."

7

"너는 아기만 키워. 어차피 넌 농사를 지을 줄 모르잖니."

"……"

"아무것도 걱정 말고 아기 곁에서 한시도 떨어지지 말아. 알았지? 농사는 지금처럼 우리가 지을게. 그 정도만 해도 넌 살 수 있어. 살게 해줄게."

그들은 조건이 될 수 없는 것들을 그녀에게 내세웠다. 그렇게까지 하면서 그녀에게 아이를 맡기려는 이유를 알 수 없었지만 어쨌든 간에 그녀의 집으로 온 아기를 내칠 수 없었다.

"농사일도 못하고, 아기 키울 자신도 없고… 다 자신이 없네요. 아주머니가 제 어머니 해주세요."

"그래 진심을 다할 거다. 너를 딸로 생각하고, 네 엄마를 생각해서라도, 아무 것도 걱정하지 말어."

그날부터 진아는 마을의 업둥이를 맡았다. 마을 어른들은 틈틈이 먹을 것도 해오고 농산물도 가져다주었다. 진아에게 아직 저축이 있다고 하여도 아기에게 필요한 것들을 사라고 용돈도 가져다주었다. 진아는 마을 어르신들이 돌아가며 가져다주는 음식으로 세끼를 해결했고 오직 육아에만 전념했다. 진아는 이래도 되는 건가 도대체 이 마을에서 자신의 존재는 어떤 것인지 궁금하기까지 했다. 마을 어른들의 준비로 백일잔치를 화려하고 즐겁게 치렀다. 그 후 마을 어른들이 모이는 날은 잘 기억했다가 아기를 안고 회관으로 갔다. 아기는 마을의 어르신들께 커다란 기쁨을 주었다. 무럭무럭 자라는 아기 곁에 모여앉아 사랑을 듬뿍 주었다. 아기의 관한 모든 것들을 마을의 공동사로 나누려는 어른들의 관심과 사랑이 진아에게는 무모한 모험을 견딜 수 있는 힘이 되어주었다.

8

아기의 돌잔치도 마을 행사로 치렀다. 선영 모녀가 연락도 없이 그녀의 집을 찾아온 것은 돌잔치가 끝난 다음 날이었다… 진아는 몹시 놀랐다. 그녀를 찾아올 만큼 사이좋게 지낸 이웃이 아니었다. 그녀는 왜 이러지? 를 스스로에게 물으며 그들을 맞이했다.

"들어오세요."

그녀는 그들을 거실로 안내했다.

"놀라셨지요? 저희들이 오리라는 건 전혀 예측 못하셨을 거에요."

"……"

불청객임을 인정하는 것 같아 차마 그렇다고 대답을 못했다.

"근데 어떻게 이런 시골까지 찾아주셨나요?"

그리고 왜? 라고 묻고 싶은걸 참았다.

"네비가 있잖아요. 주소만 있으면요."

"주소를 어떻게 아셨어요?"

"그게 뭐 중요한가요. 저희들이 돌아가신 교수님을 못 잊어하기 때문이죠. 그리고 사모님을 뵙고 싶었구요."

막연히 그녀를 만나기 위해서 왔다는 설명은 설득력이 없었지만 그대로 인정할 수밖에 없었다.

"먼 길 저를 보러와 주셔서 정말 감사드립니다. 선영이 넌 결혼했다구?"

"네"

"아기는?"

"아직요."

"신혼이네"

"그럼요. 결혼한 지 아직 몇 달 되지 않았어요."

선영의 어머니가 그들 대화 속에 끼어들었다. 그때 방 안에서 아기가 잠을 깨 사람을 찾는 듯한 울음소리를 냈다.

"아기 소리가 나네요."

"하느님한테 선물 받았습니다."

"보고 싶은데요."

"잠깐만요."

그녀가 일어나자 그들도 따라 일어섰다. 그녀는 왠지 그들에게 아기를 보여주고 싶지 않다는 생각을 막연히 했다. 하지만 마치 아기를 보러 온 사람들처럼 설치는 듯한 기세에 눌려, 어쩌지 못한 채 그들이 아기가 있는 방으로 들어가는 것을 허락했다.

"손 씻으세요."

"아~"

그들은 세면장으로 가 손을 씻고 들어왔다. 둘은 그녀가 아기의 기저귀를 손 볼 새 없이 끌어안으려 했다. 그녀는 아기를 가로채듯 저지했다.

"기저귀 갈아야 해요. 우유 먹을 시간이기도 하구요."

"네에~"

"근데 아기를 사모님 호적에 올리셨나요?"

선영의 엄마는 분위기에 어울리지 않는 질문을 급하게 했다. 젖병을 물리고 있던 진아는 그들이 굳이 알고 싶은 질문은 아닌 것 같다 라는 생각을 하며 고개를 끄덕였다.

"예쁘다. 벌써 이렇게 많이 컸네"

선영이 엄마는 조금 전 긴장을 풀려는 듯 과장된 감탄사를 쏟아냈다. 그녀는 아기 기저귀를 갈고 우유를 먹은 후 트림을 시켰다. 그리고 잠시 누워있게 한 후 그들에게 안겨주었다. 선영은 미덥지 않아 선영의 엄마에게 먼저 안겨주었는데 선영 엄마는 이내 선영에게 넘겨주었다. 선영의 눈가가 촉촉하게 젖는 것 같았다. 선영의 엄마는 선영의 그런 모습에 당황하며 아기를 얼른 받아 안았다.

"아기 엄마 되려면 멀었네. 아기 안는 모습이 영 서툴러…"

진아는 선영 모녀의 방문을 순수하게 받아들이기로 하였다. 그녀의 아픔을 위로하기 위해 일부러 먼 길 찾아온 선영 모자에게 깊이 감사했다. 그리고 먼 길 찾아 올만큼 각별한 사이는 아닌 것 같지만 그 각별한 사이는 이 시점부터 시작하면 되는 거라고 애써 가볍게 생각하려 했다.

"사모님! 교수님께도 인사드리고 싶어요."

"교수님께선 여기 안 계시지. 서울근교공원에 모셨어. 선영이 찾아가면 반가워하시겠다. 많이 아끼셨는데…"

선영의 눈시울이 붉어지는걸 보자 진아의 목울대도 뜨거워졌다.

9

이장 최만섭은 선영 모녀가 진아의 집을 나가는 것을 보고 전화를 했다. 선영이 엄마는 마을이 보이지 않는 곳에 차를 멈추고 이장 최만섭을 기다렸다. 이장은 타고 간 자전거를 차 곁에 세웠다. 선영 엄마는 그를 차 안으로 들어오라고 손짓을 하였다.

"왜 나타나는 겁니까?"

"약속을 안 지키면 아기를 돌려보내겠습니다. 고아원으로요. 댁한테 보냈다고 말할 수는 없으니까요."

"궁금했어요."

"여기는 작은 마을입니다. 누가 다녀갔고, 왜? 등의 깊은 관심을 갖는 곳입니다. 댁들에 관해 의문을 품으면 금세 풀립니다."

"부탁드릴게요. 양육비나 교육비, 아기에 관한 재정적 지원은 얼마든지 할 수 있습니다. 사모님을 도와 드리세요. 아기 키우는데 아무 지장이 없도록 지금처럼 보내드리겠습니다. 이장님 수고비도 포함해서요."

"이 아기는 우리 마을의 희망으로 키울겁니다. 내게 수고비는 줄 것 없구요. 아이의 미래를 위한 지원은 진아가 경제력이 생길 때까지만 해주세요. 진아가 아직 경제력이 없으니까요. 가세요! 진아한테 섣불리 연락하고 그러지 마세요. 아기의 관해서도 절대 궁금해 하지 말구요. 약속하세요! 약속 안 지키면 불편한 이 관계도 끝나는 겁니다."

이장이 떠난 후 선영 모녀는 못자리를 내기 전 물로 가득찬 논바닥을 응시하고 있었다. 먼저 입을 뗀 것은 선영이었다.

"엄마! 지금이라도 솔직하게 말하고 아기 데려와!"

"안 돼."

"엄마가 키워."

"네 아버지가 가만있겠니?"

"그럼 어떻게 해?"

"뭘 어떻게 해? 동네 어른들이 마을 아기로 키우고 있다잖니. 놔 둬! 우린 이렇게 아기가 잘 크고 있나 보러오기만 하면 돼."

"사모님한테 못할 짓이야. 저렇게 젊고 예쁜데."

"저 여자가 정신이 들면 그때 대책을 세우자. 그 사이 아기가 크겠지. 세월을 벌어보자구."

10

선영은 대학 1학년 때 진아의 남편 남교수를 만났다. 평소 좋아하고 존경하던 소설가에게 사사를 받는 것을 영광으로 알던 어린 학생이었다. 그러나 그들이 남녀 관계로 발전해버린 것은 아무도 알 수 없는 신의 의지였을 것이었다. 임신을 알게 된 선영의 엄마는 딸이 해산될 때까지 유학을 가장하고 해결책에 고심했다. 선영의 엄마는 남교수에게 원망과 욕설을 퍼부었지만 그렇게 한다고 해결될 문제는 아니었다. 딸의 문제였다. 사회적인 문제로 확대된다면 상대방은 물론 자신의 딸이 받을 상처가 더 클 것이라는 결론에 이르렀다. 출산을 하면 아기의 양육은 자기가 하겠다는 남교수의 말에 공격을 멈추고 기다리기로 하였다. 그러나 남교수는 암이란 병명을 얻어 아기가 태어나기 직전에 세상을 떴다. 계획의 차질이 생긴 선영 모는 남교수의 아내에게 아기가 없다는 것을 알고 남교수가 살아있었다면 어차피 진아가 해야 할 일이었다고 자신의 결정을 합리화했다. 그녀는 진아에게 말발이 미칠 것 같은 마을의 최만섭 이장을 찾아갔다. 진아가 경제력 때문에 아기를 맡지 않겠다고 할 것을 예상해 이장에게 아기의 양육비를 지원할 것을 약속했다. 이장은 돌아가신 어르신의 부탁을 들어드려야 하는데 사실 진아는 마을의 골칫거리였다. 자신의 의지로 귀농한 사람이 아니었다. 어릴 때부터 손에 흙 한번 묻히지 않고 자란 아이였다. 농사를 어디서부터 가르쳐야할지 황당했다. 농사를 지을 의지가 전혀 보이지 않았기 때문이었다. 어차피 그녀가 상속한 농토는 그와 부녀회장이 맡아 짓고 있었다. 이장은 차라리 아기를 맡겨 아기에게 정을 붙이며 마음을 잡기를 바랐다. 아기에게 정 붙여 살다 보면 책임감도 생길 것이고 그러다 보면 욕심도 생길 것이었다. 재산을 지키기 위해서라도 농사를 짓겠다고 나설지 몰랐다. 그날을 기다려 보기로 하였다. 아기가 진아의 집으로 들어오던 날 이장은 부녀회장에게 이 점을 들어 진지하게 의논했다. 송혜림의 생각도 이장과 같았다. 갈 곳 없어 농촌으로 들어온 진아를 어떻게 해야 할 지 마을 사람들 모두에게는 근심이었던 것이다. 송혜림은 이장의 의견에 적극 동의하고 동조하기로 하였다.

11

남편의 기제일 오전, 진아는 남편의 묘소를 찾기로 하였다. 아기를 아빠와 인사시키기로 하였다. 남편이 살아있었다면 하늘이 내린 선물이라고 분명 기뻐했을 것이었다. 진아는 아기와 아빠의 첫 상면의 자리를 마련해 주고 싶었다.

이장은 아기가 힘들 수 있으니까 자기가 데려다 주겠다고 하였지만 그녀는 고속버스 터미널까지만 데려다 달라고 하였다. 짧은 시간이라도 주위 사람들의 시선을 느끼지 않고 남편과 있고 싶었다. 묘원까지 택시를 타고 올라갔다. 그런데 그곳에는 그녀보다 먼저 와 있는 선영과 만났다.

"사모님! 아기까지요?"

선영이 아기를 보자 반가움에 어쩔 줄 몰라 했다.

"아기를 곧 갖게 되려나 보네. 그렇게 예뻐?"

"정말 예뻐요. 안아 봐도 돼요?"

"여긴 안 돼. 바람이 차."

"그럼 우리 얼른 내려가요."

"선생님께 인사드려야지."

그녀는 벽면에 걸려있는 남편의 사진을 바라보며 말했다.

"당신이 보내 준 우리 아들에요. 당신 아빠 됐어요. 당신 아들 잘 돌봐 주실 거죠? 그리고 고마워요, 잘 키울게요."

선영은 뜨끔했다. 진실을 알게된 것일까. 진아는 당분간 아기와 함께 오는 건 쉽지 않을 거란 생각이 들었다. 조금 더 머물고 싶었지만 선영의 존재로 그만 두기로 하였다. 그들은 일찍 산을 내려와 근처 찻집에 들어갔다. 차를 시키고 지그시 선영을 바라보는 진아의 눈빛이 심상치 않았다. 선영은 진아의 눈 맞춤을 피했다.

"선영아! 남교수와는 언제부터였어?"

"……"

"네 아가니?"

"아닙니다."

선영은 순간 부정을 했다.

"네 아기라고 해도 괜찮은데…"

"어쩔 셈이세요?"

"뭘?"

"아기를요."

"걱정하지 마. 결혼했다며?"

"안 했어요."
"거짓말이었어? 왜?"
"안심시키고 싶었어요."
"나를?"
"네…"
"남교수 아이 맞지? 그러면 내가 키우는 게 맞아. 넌 아니지?"
"네"
"그럼 이야기는 끝난 거다."
"네…"
"나가자. 좋은 작가가 되길 바란다. 넌 충분히 잘 해낼 수 있을 거야. 힘내라!"
"죄송해요. 죄송한데 묻고 싶은 게 있어요. 왜 화를 내시지 않죠?"
"누구한테? 너한테? 남교수한테?"

12

진아는 농토를 정리해 도시로 옮길까. 아니면 영농기술을 습득해 농사를 직업으로 택할 것인가를 놓고 생각에 잠겼다. 그러나 아기를 마을의 희망으로 키우겠다고 하는 이곳 어른들의 사랑을 떠나서는 살아갈 수 없을 것 같았다. 그녀는 차라리 농군이 되는 길을 선택하기로 했다. 매사에 무기력하고 무능했던 진아에게 아기는 어떻게든지 살아 반드시 지켜내야 할 대상이었다. 그녀는 다음날 곧바로 귀농교실을 찾았다.

❖ 편집후기

대한사이버문학 창간호는 2004년 봄에 나왔습니다. 23호가 나오는 올해까지 햇수론 10년이 되었습니다. 일부 참여 회원의 변동이 좀 있었지만 대부분은 창간호부터 쭉 작품을 발표하고 있습니다.

— 하루라도 책을 읽지 않으면 입안에 가시가 돋는다.—

책을 읽는다는 것은 글을 쓴다는 것과 맥락을 같이 합니다. 그러기에 안중근 의사의 이 말씀이 때때로 우리의 마음속에 경종을 울려댑니다. 바쁜 와중에서도 주옥같은 작품을 보내주신 회원님들께 무한한 감사를 드립니다. 쾌청한 날씨마냥 대한사이버문학의 앞날도 변함없으리라 믿습니다. 출판기념일 날 뵙겠습니다.

동화작가 정이식

꽃씨를 털다
대한사이버문학
제23호 2015

인 쇄 일 : 2015년 6월 18일
발 행 일 : 2015년 6월 23일
지 은 이 : 대한사이버문학회
편집주간 : 서혜원
편집위원 : 정이식 류인복 이상야 천홍자

http://cafe.daum.net/hankuk2003
▶ 구독신청 및 광고문의 : cryingbird50@hanmail.net
H.P 010-9705-7906
▶ 정기구독료 및 도서신청 입금 계좌번호
예금주 : 국민은행(서혜원) 056-21-0024-343

조판 · 인쇄 : 오늘의 문학사
대전 동구 대전로 867번길 52 (삼성동)
☎ (042) 624-2980
✉ hs2980@hanmail.net

ISBN 978-89-5669-689-8
값 12,000원

*이 도서의 국립중앙도서관 출판시도서목록(CIP)은 서지정보유통지원시스템 홈페이지(http://seoji.nl.go.kr)와 국가자료공동목록시스템(http://www.nl.go.kr/kolisnet)에서 이용하실 수 있습니다. (CIP제어번호: CIP2015016549)

*잘못된 책은 바꾸어 드립니다.